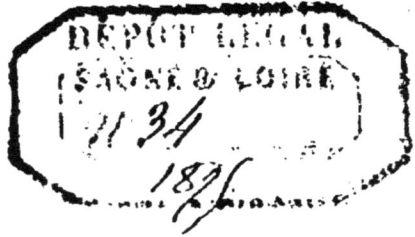

LE CREUSOT

SON HISTOIRE

ET

SON INDUSTRIE

LE CREUSOT

SON HISTOIRE, SON INDUSTRIE

PAR

NAPOLÉON VADOT

LE CREUSOT

PAUTET, LIBRAIRE-ÉDITEUR

—

1875

CREUSOT, IMP. A. TEMPORAL.

CREUSOT, IMP. A. TEMPORAL.

Le Creusot

SON HISTOIRE, SON INDUSTRIE

PAR

Napoléon VADOT

LE CREUSOT

PAUTET, LIBRAIRE-ÉDITEUR

—

1875

DÉDIÉ A

MONSIEUR EUGÈNE SCHNEIDER

ET A

MONSIEUR HENRI SCHNEIDER

INTRODUCTION

INTRODUCTION

———

Il y aura bientôt cent ans que le Creusot
a été fondé, et bien qu'en 1793, c'est-à-dire
une année après sa création, Daubenton en
ait dit : « Cet établissement est une des
« merveilles du monde », la première partie
de son existence a été marquée par une série
de revers inouïs qui ne cessèrent qu'avec la
prise de possession par MM. Schneider.
Depuis lors, habilement dirigé, le Creusot a
non-seulement marché constamment en tête
du progrès industriel de notre pays, mais
aussi lutté avec avantage contre les usines

étrangères les plus renommées. Aujourd'hui,
il constitue un ensemble aussi gigantesque
que puissamment organisé, et, à tous égards,
il mérite d'être connu; car quel spectacle
magique et quelle source féconde d'études
n'offre pas un tel établissement! Comment
donc s'étonner qu'il ne se passe pas de
jours sans qu'il soit parcouru par de nombreux visiteurs. Tantôt ce sont des professeurs ou des élèves de nos écoles spéciales qui
viennent voir sur le vif ce qu'ils enseignent
ou ce qu'ils étudient; tantôt ce sont des
maîtres de forges qui viennent s'inspirer pour
les améliorations qu'ils veulent introduire
chez eux; ce sont, enfin, des personnes complètement étrangères à l'industrie qui sont
heureuses de voir, au moins une fois,
comment s'élabore ce fer qu'on emploie tous
les jours sous leurs yeux, ou comment se
construisent ces locomotives qui, sillonnant
aujourd'hui des campagnes exclusivement
réservées autrefois à la culture, apportent
dans les villes le mouvement et l'animation.

Il y a quelques années on pénétrait assez facilement, et presque sans guide, dans l'intérieur de l'usine ; mais en présence de l'affluence toujours croissante des visiteurs, et pour éviter les accidents qui pourraient survenir, MM. Schneider ont dû adopter les dispositions suivantes, qui règlementent les visites :

« Les personnes qui désirent visiter les « usines, auront à se présenter au bureau « d'entrée de la Direction ; elles devront ins- « crire leurs noms et leurs professions sur le « registre à ce préparé. Un permis de visite « leur sera délivré, s'il y a lieu, à l'heure « règlementaire de la visite, c'est-à-dire le « matin à neuf heures, et l'après-midi à deux « heures.

« Ce permis sera confié au guide, qui le « remettra, après la visite, au bureau du « contrôle.

« Passé l'une des heures règlementaires, « on est remis à la visite suivante.

« Les visites n'ont pas lieu les dimanches
« et jours fériés.

« Les guides devront être d'une grande
« politesse envers les visiteurs et veiller à ce
« qu'ils ne s'écartent pas de l'itinéraire con-
« venu, ne prennent aucune note ni croquis,
« et ne communiquent ni avec les ouvriers,
« ni avec les contre-maîtres.

« Les visites de nuit, celles à l'intérieur de
« la mine, sont formellement défendues. »

Le Creusot (dont les bâtiments, couvrant
une surface de vingt-et-un hectares, s'étendent
presque sans interruption sur une ligne de
deux kilomètres de long, depuis le commen-
cement de la nouvelle forge jusqu'au gîte à
ciel ouvert) est tellement vaste, qu'à moins d'y
consacrer beaucoup de temps, il est impossible d'en examiner toutes les parties en détail.
Les nombreux ateliers se succèdent forcément
avec rapidité sous les yeux du visiteur,
qui, ébloui par la multitude d'objets qu'il
voit, n'a pas toujours le temps de se rendre

compte de leur usage. C'est pour essayer d'y
suppléer que nous avons voulu, après en avoir
fait l'historique, décrire en quelques lignes
les différents travaux de ce bel établissement.

HISTORIQUE

HISTORIQUE

Dans cette partie de la France qui forme aujourd'hui le département de Saône-et-Loire, perdu au milieu d'un des sites les plus arides des montagnes qui séparent le bassin de la Saône de celui de l'Arroux, affluent de la Loire, il y avait, au siècle dernier, un misérable hameau qui avait nom : *La Charbonnière.*

La Charbonnière a disparu, et à sa place nous trouvons un colosse industriel : *Le Creusot.*

Le Creusot, 22,890 habitants, à 388 mètres d'altitude; chef-lieu de canton, arrondissement d'Autun, à 400 kilom. S.-E. de Paris, à 160 kilom. de Lyon, à 83 kilom. de

Mâcon, à 30 kilom. d'Autun ; station de la ligne Chagny à Nevers (P.L.M.), télégraphe, poste aux lettres, 2 églises, est relié au canal du Centre, dont il est distant de 10 kilom., par un chemin de fer privé.

Ainsi, là où n'existaient naguère que quelques pauvres huttes, il y a maintenant la ville la plus peuplée d'un département qui compte 600,000 habitants ; dans un endroit sans culture, autrefois privé d'eau et de moyens de communications, on voit une puissante agglomération d'hommes. Quelle est donc la cause, nous dirions presque le miracle, qui a produit un résultat si prodigieux qu'on ne le retrouve plus de nos jours qu'en Amérique?

C'est que, dans cette localité, en apparence si déshéritée, la nature, aux époques lointaines que les géologues désignent sous le nom de période houillère, avait mis une source de richesse en y déposant une puissante couche de houille, cet élément devenu indispensable à toute industrie métallurgique. C'est que, de plus, il s'est rencontré un homme de génie qui a su tirer un immense parti de cette position et dont la volonté a su vaincre des difficultés sans nombre pour arriver au but qu'il s'était tracé.

Les habitants de La Charbonnière, en grattant le sol, avaient trouvé la houille, qu'ils tiraient à découvert au quartier des Riaux ; mais elle n'était encore employée qu'au chauffage des maisons. Cependant, comme elle commençait à être chose appréciée en France, M. François de la Chaise se fit donner, en 1769, sur une étendue de vingt-quatre lieues carrées, la concession des mines de houille dont il avait reconnu l'existence dans l'ancienne baronnie de Montcenis ; et, bientôt, on songea d'autant plus à tirer parti de cette matière que l'anglais Williams Wilkinson venait d'inventer le cubilot, appareil destiné à refondre la fonte au moyen du coak ou coke, employé comme combustible.

Aussi, en 1782, une société (1) dans

---

(1) Les statuts de cette société, fondée sous la raison *Perrier-Belllinger et C*ie, furent approuvés par le roi le 17 septembre 1784.

laquelle le roi Louis XVI était entré comme
actionnaire, établit au Creusot une fonderie
royale de canons qui prospéra pendant
quelques années. Une plaque en laiton, trou-
vée dans la démolition des premiers bâtiments
construits, porte l'inscription suivante qui
consacre cet événement :

L'an de L'ère Chrétienne 1782.
Le Huitième du Règne de Louis-Seize
Pendant le Ministère de M. le Mis de La Croix-Castries
M. Ignace-Wendel-deHayange Commissaire du Roy
M. Pierre Touffaire Ingénieur
Cette Fonderie la Première de ce Genre en France a été
Construite Pour y Fondre la Mine de Fer au Coak
Suivant la Méthode Apportée d'Angleterre et Mise en Pratique
Par M. Williams-Wilkinson

Il n'y avait là pourtant aucun cours d'eau
qui pût mettre en mouvement les appareils;
mais Watt, en perfectionnant si heureusement la machine à vapeur, avait donné à
l'industrie une force motrice d'une puissance
illimitée à laquelle on eut recours, et l'on

voit encore, dans la cour de la Direction, conservé avec soin, un cylindre à vapeur portant la date de 1782 et le nom de Wilkinson.

A cette époque les voies de communications faisaient complètement défaut; le canal du Charollois, depuis canal du Centre, passa enfin de l'état de projet dans le domaine de la réalité, et un régiment de troupes fut mis à la disposition de l'ingénieur (1) chargé d'exécuter ce travail; ce ne fut toutefois qu'à la fin de 1793 que la navigation put y commencer.

Le pays environnant possédait aussi des sables que l'on voulut utiliser pour la fabrication du verre; en 1784, sous le patronage de la reine Marie-Antoinette, on créa une cristallerie d'où sont sorties de magnifiques pièces et qui fonctionna jusqu'en 1832, époque où elle fut achetée et arrêtée par Baccarat. Il en est resté les deux fours coniques, dont l'un sert maintenant de temple

---

1) Gauthey, ingénieur des Etats de Bourgogne.

protestant, l'autre de réservoir aux eaux de la ville, et l'habitation des gérants de l'usine a gardé le nom de Verrerie.

Sur ces entrefaites la Révolution avait éclaté, la guerre s'était allumée à la suite et répandue dans toute l'Europe; la parole étant au canon, les circonstances étaient bien peu favorables aux travaux pacifiques de l'industrie, et la pensée, du reste, était ailleurs. Aussi, jusqu'en 1815, le Creusot dut se borner à travailler pour le gouvernement; on y fondit non-seulement des projectiles, mais encore des canons de fonte et de bronze, qui étaient finis et essayés sur les lieux. Une petite éminence située à côté de la gare, et qui porte toujours le nom significatif de *Montagne des Boulets*, a perpétué ce souvenir. Lorsque la paix arriva, le Creusot, dont la vente était décidée depuis 1808, fut surpris par le brusque changement qui en résulta, et, ne sachant pas ou ne pouvant transformer sa fabrication, il fut obligé de s'arrêter.

En 1818, MM. Chagot, qui devaient plus tard exploiter si avantageusement les mines de Blanzy et créer le Montceau, se rendirent adjudicataires de l'établissement moyennant neuf cent mille francs. Malgré tous leurs efforts, le succès ne vint pas couronner leur entreprise ; ne pouvant tenir tête aux usines plus heureuses qui leur faisaient concurrence, ils se virent contraints de céder, et, le 12 janvier 1826, le Creusot passait entre les mains de la société Manby-Wilson et Cie, qui avait acheté, pour un million, dix trente-deuxièmes de la propriété.

Cette compagnie, qui possédait déjà l'usine de Charenton, apportait avec elle l'affinage et le soudage du fer à la houille, procédés expéditifs et économiques, appliqués depuis plusieurs années déjà dans les forges anglaises, et par lesquels elle voulait remplacer les méthodes de fabrication du fer jusqu'alors suivies en France. L'intention était bonne, mais l'entreprise était hardie, car on n'était pas suffisamment préparé, chez nous, à cette innovation ; les conditions sidérurgiques des deux pays n'étaient pas les mêmes.

Au dix-huitième siècle, en effet, la métallurgie anglaise, réduite aux abois par suite du manque de combustible végétal, s'était vue sur le point de succomber lorsque, vers 1785, Cort et Partnell la sauvèrent en inventant ou, pour mieux dire, en faisant entrer définitivement dans la pratique le puddlage ou affinage de la fonte à la houille dans un four à réverbère. Il n'y avait pas à choisir : depuis longtemps des essais avaient été tentés pour substituer le combustible minéral au charbon de bois, et le nouveau procédé constituait pour nos voisins une question de vie ou de mort. Aussi s'empressèrent-ils de l'adopter et d'y apporter les perfectionnements dont il était susceptible.

En France, au contraire, l'industrie du fer, peu avancée, n'était sortie que depuis quelques années de l'engourdissement où elle était restée pendant les longues guerres que nous avions subies ; d'immenses forêts donnaient encore en abondance le combustible nécessaire à l'alimentation des hauts-fourneaux et des foyers d'affinerie ; et, outre que les fers fabriqués ainsi étaient d'une

qualité bien supérieure aux fers puddlés, leur
emploi s'était fixé dans les habitudes, si
difficiles à changer parfois, des petits
artisans.

Ainsi, MM. Manby-Wilson, obligés de
faire venir d'Angleterre la plus grande
partie de leurs ouvriers, allaient avoir non-
seulement à lutter contre les difficultés sans
nombre inhérentes à toute nouvelle installation, mais aussi à vaincre tous les obstacles
qui s'opposaient au placement de leurs produits. Leur tentative, cependant, ramena pour
un moment la vie et le mouvement au Creusot;
mais, hélas! ce réveil ne fut pas de longue
durée. L'heure de la grande industrie et des
grandes productions n'était pas encore son-
née; c'était trop que de trouver des débou-
chés à la fois pour le Creusot et Charenton.
La marine à vapeur et les chemins de fer,
ces deux puissants agents de consommation
et de transport, n'existaient pas encore,
et un ingénieur célèbre ne disait-il pas, vers
cette époque, qu'il était impossible de faire
mouvoir un chariot à vapeur sur des barres
de fer.

2

Dans ces conditions, la faillite ne pouvait tarder à arriver; elle eut lieu le 25 juin 1833. Repris par MM. Coste frères, Jules Chagot et autres, le Creusot fut enfin cédé au mois de décembre 1836, au prix de 2,680,000 francs, à MM. Schneider frères et Cie. C'était la fin de la période de revers, les succès allaient commencer et se continuer sans interruption.

Loin de s'effrayer des échecs éprouvés par leurs prédécesseurs et des trente millions déjà engloutis, les nouveaux gérants arrivaient avec des idées d'agrandissement; ils avaient compris que les chemins de fer et la navigation à vapeur, bien que encore à leurs débuts, allaient donner une immense impulsion à l'industrie métallurgique. Aussi l'un de leurs premiers actes fut-il de fonder un atelier de constructions mécaniques d'où sortit, en 1838, la première locomotive de fabrication française, et dès l'année suivante on y commençait la construction des machines de navigation.

Au reste, d'après le procès-verbal du jury d'admission du département de Saône-et-

Loire pour l'exposition de 1839, voici quelle
était alors la situation de l'usine : « Un
« puits d'épuisement, servi par une
« machine à vapeur de deux cent cinquante
« chevaux, avait permis de porter l'exploi-
« tation des houillères à 700,000 hectolitres ;
« un chemin de fer de 10 kilomètres venait
« de réunir le Creusot au point de partage
« du canal du Centre ; quatre hauts-four-
« neaux étaient en activité : à l'un d'eux
« venait d'être appliqué le procédé Cabrol,
« utilisé également aux fourneaux de forge.
« Les minerais provenaient de Chalençay,
« de Varennes et de diverses mines du
« Berry ; un nouveau procédé d'affinage
« dit *au four bouillant*, avait remplacé les
« mazeries ; la production du fer était de
« 5 à 600,000 kilogrammes ; une fonderie
« fournissait déjà les pièces de grande di-
« mension.

« Les ateliers de construction venaient
« d'être montés sur une échelle considérable
« pour ce temps ; au lieu de six feux de
« forges à la main, cinquante étaient allu-
« més ; cent ouvriers chaudronniers travail-

« laient le cuivre et la tôle ; quatorze
« locomotives avaient été construites, et l'on
« soumettait au jury un quinzième moteur
« destiné au chemin de fer de Bâle à
« Strasbourg, coté au prix de 40,000 francs,
« et dont les roues motrices, toutes en fer,
« paraissaient d'une seule pièce. Le jury
« constatait qu'après avoir livré la première
« locomotive d'origine nationale qui ait
« fonctionné en France, le Creusot avait
« fourni des moteurs pour les chemins de
« fer de Saint-Germain, de Versailles, de
« Saint-Étienne à Roanne, et qu'il en
« construisait deux pour le chemin de fer
« de Milan en Italie. Deux bateaux à vapeur
« à coque de tôle de soixante chevaux
« pour la Saône et de quatre-vingts pour
« le Rhône étaient sur le chantier. Déjà
« six kilomètres de rails sillonnaient le sol de
« l'usine et vingt-trois machines à vapeur
« donnaient huit cents chevaux de force ;
« six cents mineurs, douze cents forgerons,
« tourneurs, ajusteurs, monteurs, employés
« divers, constituaient un personnel de
« dix-huit cent cinquante ouvriers, facile-

« ment porté à deux mille en comprenant
« les irréguliers. »

Mais, comme le jury ne croyait pas que la
consommation de machines fût jamais assez
grande chez nous pour nous permettre de
constituer une industrie nationale, tous ces
faits si importants, qu'il constatait pourtant
avec admiration, ne l'empêchaient pas d'ex-
primer ainsi son opinion :

« Enfin, tout un ensemble d'ateliers de
« construction de machines, pour ainsi dire
« créé et monté sur une échelle qui per-
« mettrait au Creusot de lutter contre
« l'Angleterre pour le prix et la perfection
« du travail, si l'industrie en France
« donnait assez d'importance à la consom-
« mation des machines pour que de grands
« ateliers pussent, comme chez nos voisins,
« reproduire constamment les mêmes
« modèles. »

On ne disposait, à cette époque, comme
instruments de forgeage, que du marteau à

cames et du marteau frontal, deux outils
d'une puissance et surtout d'une course très-
restreintes ; c'était un grave inconvénient
qui empêchait de faire entrer dans les machines aucune grosse pièce en fer forgé :
bielles, manivelles et arbres de poids un peu
considérable se faisaient en fonte. Il y avait
donc là un problème important à résoudre.
Stimulé par MM. Schneider, M. Bourdon,
l'habile ingénieur du Creusot, en entreprit
la solution et y réussit pleinement en inventant le marteau-pilon.

Par une de ces étranges coïncidences qui
ne sont pas sans exemple, puisque le même
fait devait se reproduire deux ou trois ans
plus tard au sujet de la planète *Neptune,*
M. Bourdon en France et M. J. Nasmyth en
Angleterre s'étaient posé la même question
presque en même temps, et ce fut presque
en même temps que les deux célèbres ingénieurs firent connaître leur invention. Le
certificat de dépôt de la demande de brevet
faite par MM. Schneider est du 19 avril 1842 ;
la patente de M. Nasmyth a été scellée en
Angleterre le 9 juin de la même année, et

la description a été immatriculée en décembre suivant.

Armé d'un tel engin, le Creusot put alors entreprendre la construction de frégates de 450 chevaux, et les paquebots *le Labrador*, *le Conada*, *le Caraïbe*, *l'Orénoque et l'Albatros* ne tardèrent pas à venir lutter dans la Méditerranée et l'Océan avec les bâtiments anglais.

Quelque temps après un accident imprévu enleva M. Adolphe Schneider, l'aîné des deux frères. En revenant d'une promenade à cheval, le 3 août 1845, il fit une chute si malheureuse qu'il se tua sur le coup; un monument commémoratif, élevé sur la route de Couches, montre la pierre sur laquelle vint porter son front. On adopta alors la raison sociale *Schneider et C*ie, que l'on a gardée depuis, et M. Eugène Schneider resta seul à la tête du Creusot jusqu'à ces dernières années, où il s'adjoignit son fils, M. Henri Schneider.

La tâche, quoique bien lourde, n'était pas au-dessus de ses forces. Il se traça résolument son but : faire de son usine le premier établissement industriel du monde, et, le but fixé, il déploya toute son énergie, toute son activité pour y arriver. Chaque année, pour ainsi dire, vit donc de nouveaux agrandissements s'ajouter aux agrandissements précédents; ce furent d'abord les ateliers de constructions, qui devinrent successivement les plus importants et les mieux outillés que l'on connaisse (1). Lors de la guerre de Crimée, en 1855, ils étaient déjà assez vastes pour qu'on ait pu, en 7 mois, y construire 17 machines de 150 chevaux pour canonnières et batteries flottantes, achever 4 machines de 650 chevaux pour vaisseaux de ligne et commencer 3 machines de 800 chevaux pour frégates.

Les hauts-fourneaux s'accrurent en nombre et prirent des proportions colossales, puis ce fut le tour de la forge, qui, bien que composée de 50 fours à puddler et 35 fours à

---

(1) Le chantier de Chalon, qui s'élève sur les bords de la Saône et d'où sont sortis tant de ponts, avait d'abord été destiné à fabriquer les coques de bateaux à vapeur; sa création remonte au 1er mai 1839.

réchauffer, fut reconnue insuffisante ; transportée à un kilomètre environ de sa place primitive, elle fut reconstruite entièrement à neuf et reçut un matériel perfectionné nécessaire à une production annuelle de 140 à 150,000 tonnes.

Les voies ferrées, établies pour relier entre elles les différentes parties de l'usine, se multiplièrent, prirent l'écartement ordinaire des chemins de fer et furent, en 1862, prolongées jusqu'aux mines de Mazenay. Perreuil, placé sur le bord du canal, fut chargé de pourvoir à une énorme consommation de briques de toutes formes et de toutes dimensions.

Enfin, en 1869, on mettait en marche un magnifique atelier destiné à la fabrication de l'acier par les procédés Bessemer et Martin ; pour le compléter, un nouveau bâtiment, qui s'élève entre la nouvelle forge et la ligne de Lyon, recevra d'ici à quelque temps une splendide installation, appropriée à la fabrication des bandages et grosses pièces en fer ou acier forgé. On aura une idée de ce que va être cette nouvelle partie de l'établissement quand on saura qu'elle doit renfermer un pilon dont le marteau pèsera 60,000 kilog.

La consommation avait dû naturellement se ressentir d'un tel accroissement ; depuis longtemps la houillère du Creusot ne suffisait plus à alimenter l'usine de combustible ; il avait fallu en tirer d'ailleurs, et, sous ce rapport, on était devenu tributaire des voisins. Pour remédier, du moins en partie, à cet état de choses, MM. Schneider, en 1869, se rendirent propriétaires des mines de Montchanin et Longpendu dans le département de Saône-et-Loire, de celles de Decize dans la Nièvre ; en 1872, ils acquirent celles de Montaud dans la Loire et des parts de propriété à Beaubrun (Loire) et à Brassac (Puy-de-Dôme). En même temps, ils s'assuraient un large approvisionnement de mine de fer en ajoutant les mines d'Allevard (Isère) et de Savoie (Savoie) à celles qu'ils possédaient déjà.

Pour finir d'énumérer les améliorations dues à M. Schneider, disons qu'il a fait poser une ligne télégraphique qui permet

aux employés des divers services de corres-
pondre entre eux sans dérangement.

Par ce que nous venons de dire, on doit
comprendre qu'un tel établissement a dû
toujours tenir un rang très-distingué dans
les différentes expositions qui ont eu lieu ;
et si nous ne parlons ici que de celles de
Paris en 1867, et de Vienne en 1873, c'est
que, lors de la première, le Creusot s'était
vraiment surpassé lui-même. Dans le Parc,
près du quai d'Orsay et de l'avenue de la
Bourdonnaye, MM. Schneider avaient construit un pavillon dans lequel ils avaient
réuni tout cet ensemble si magnifique et si
varié qui caractérise leur usine. Les visiteurs, frappés d'admiration, passaient de
longues heures à examiner successivement
et avec un intérêt toujours croissant des
tableaux statistiques attestant que l'accroissement de la population ne lui avait rien
fait perdre de sa moralité ; des travaux sortant
des écoles de petits garçons et petites filles ;
une série des houilles extraites et des minerais
employés au Creusot ; une autre série des
fontes et des différentes qualités de fers

qui y sont produites avec de nombreuses applications ; une colossale machine de 950 chevaux destinée au navire cuirassé *Océan* ; une locomotive mignonne pour petite voie; une machine-tender pour service de marchandises et une machine express destinée au Great-Eastern-Railway (Angleterre) ; enfin, de nombreux dessins dont il serait trop long de faire ici l'énumération.

Aussi ne fut-on pas étonné que le jury général, après avoir mis le plus grand soin à tout étudier, rendit un éclatant hommage à la supériorité du Creusot dans toutes les branches de l'industrie du fer, en lui décernant les récompenses dont voici la liste :

Hors concours. — *Nouvel ordre de récompenses* (1).

Grand prix. — *Produits bruts et ouvrés des industries extractives* (Groupe V — Classe 40).

---

(1) Réglement général du 7 juin 1866, titre VI, art. 30 : « Un ordre distinct de récompenses est créé en faveur des « personnes, des établissements ou des localités qui, par « une organisation ou des institutions spéciales, ont développé « la bonne harmonie entre tous ceux qui coopèrent aux

Grand prix. — *Matériel et procédés de l'exploitation des mines* (Groupe VI — Classe 47).

Médaille d'or. — *Matériel des chemins de fer* (Groupe VI — Classe 63).

Médaille d'or. — *Matériel et procédés du génie civil* (Groupe VI — Classe 65).

Médaille d'or. — *Matériel de la navigation et du sauvetage* (Groupe VI — Classe 66).

Médaille d'or. — *Matériel et méthode de l'enseignement des enfants* (Groupe X — Classe 89).

Médaille de bronze à *M. Nolet, directeur des écoles, coopérateur, Matériel de l'enseignement des adultes* (Groupe X — Classe 90) (1).

L'éloignement ne permettait pas de renouveler à Vienne ce qu'on avait fait à Paris; cependant un choix intelligent des matières exposées permit encore au Creusot d'occuper un rang tel qu'il fut mis hors

« mêmes travaux et ont assuré aux ouvriers le bien-être
« matériel, moral et intellectuel. »

Un jury spécial, composé des plus hautes notabilités de tous les pays, avait été institué pour cette partie de l'exposition; M. Schneider, qui en faisait partie, témoigna sa volonté expresse d'être mis hors concours.

(1) Nous y ajouterons la nomination au grade de chevalier de la Légion d'honneur de M. Henri Schneider et de M. O. Dubois, l'habile ingénieur qui a construit la nouvelle forge.

concours et qu'il obtint une médaille de
progrès et 13 médailles de collaborateurs.
Dans la partie qui lui était réservée, on
s'arrêtait pour voir : une jolie vue pittores-
que et un plan géométral du Creusot; une
série de houilles et de minerais; des fontes
destinées à l'affinage, à la fonderie et à la
fabrication de l'acier avec les laitiers qui
leur correspondent; des fers classés par
numéros de qualité de 1 à 7; des aciers
classés par numéros de dureté de 1 à 11
et par marque de qualité avec des applications ; les profils des rails et fers marchands,
fabriqués par les forges du Creusot; une
machine pour ateliers à cylindres verticaux;
une locomotive à fortes rampes pour train
à marchandises, destinée au service de la
Compagnie du Midi ; des roues montées
avec essieux et bandages en acier du
Creusot; un cylindre brut de fonderie
destiné à l'appareil moteur de l'aviso *le
Petrel,* et enfin six dessins de ponts.

Nous venons de voir par quelles phases
est passé le Creusot pour devenir ce qu'il
est actuellement; entré avec résolution,

dès 1837, dans la voie d'un progrès continu
et raisonné, ayant à sa tête des gérants
profondément versés dans les affaires, qui
ont su le doter d'une administration de
premier ordre et d'une population intelligente et laborieuse, il s'est trouvé largement préparé à soutenir la lutte lorsqu'est
venu le traité de commerce. La concurrence
ne l'a pas effrayé; il a accepté courageuse-
ment les nouvelles conditions qui étaient
faites à la métallurgie française, sachant
bien que, grâce aux méthodes économiques
qui président à son immense production, il
résisterait victorieusement aux usines bri-
tanniques. Ses fers n'ont pas craint la compa-
raison avec les meilleures marques anglaises
correspondantes, et, en ce moment, ses rails
en acier sont assez appréciés pour être re-
cherchés dans toutes les parties du monde.

Egaler, sinon surpasser nos voisins, c'est
bien à cela, en effet, qu'ont constamment
tendu les efforts de M. Schneider; nous en
trouvons la preuve en relisant ces phrases
écrites par lui à la suite d'un voyage en
Angleterre fait en 1846 :

« Je ne connais pas de spécialité indus-
« trielle où nous soyons aussi loin de
« l'Angleterre que nous le sommes pour
« celle des grandes constructions de machi-
« nes, et cependant c'est l'âme de tout déve-
« loppement industriel d'un pays ; mais si
« nous sommes si arriérés, je ne connais
« pas de production où la France puisse
« franchir aussi vite et aussi facilement
« la distance qui la sépare de la nation
« rivale. Nos ingénieurs ont plus de con-
« naissances théoriques et d'esprit d'inven-
« tion; nos fers sont meilleurs, s'ils sont
« plus chers ; nos ouvriers aussi intelligents,
« mais moins formés. Notre tort est surtout
« d'avoir mis la théorie pure à la place de la
« pratique guidée par la théorie et d'avoir
« trop pensé au système sans avoir assez
« pensé à la perfection d'exécution. Une
« excellente idée mal exécutée donne de
« mauvais résultats, et une bonne exécution
« matérielle donne de la valeur pratique à
« une idée médiocre. Or, on n'obtient de
« l'exécution parfaite qu'avec de bons outils
« et non pas seulement avec des hommes;

« on en obtient surtout dans les grands ate-
« liers, où rien n'est économisé; on en
« obtient avec la volonté absolue d'arriver
« à tout prix à la perfection. »

Aujourd'hui, que des locomotives fabri-
quées au Creusot courent, en Angleterre,
sur la ligne du Gieat-Eastern-Railway, ces
quelques lignes, qui indiquaient avec tant
de justesse la marche à suivre, peuvent nous
servir d'utile jalon pour mesurer le chemin
parcouru par l'industrie française dans ces
trente dernières années.

Nous en aurons encore une idée en jetant
un rapide coup d'œil sur l'accroissement
de la production de l'usine du Creusot :

En 1836, cette production ne dépassait
    pas annuellement 40,000 tonnes de
    houille et 60,000 tonnes de fer;
En 1844, trois mille ouvriers dépendaient
    de l'établissement qui, depuis 1839,
    avait déjà fourni à la navigation quatre
    mille chevaux de force;
En 1847, on était arrivé à produire

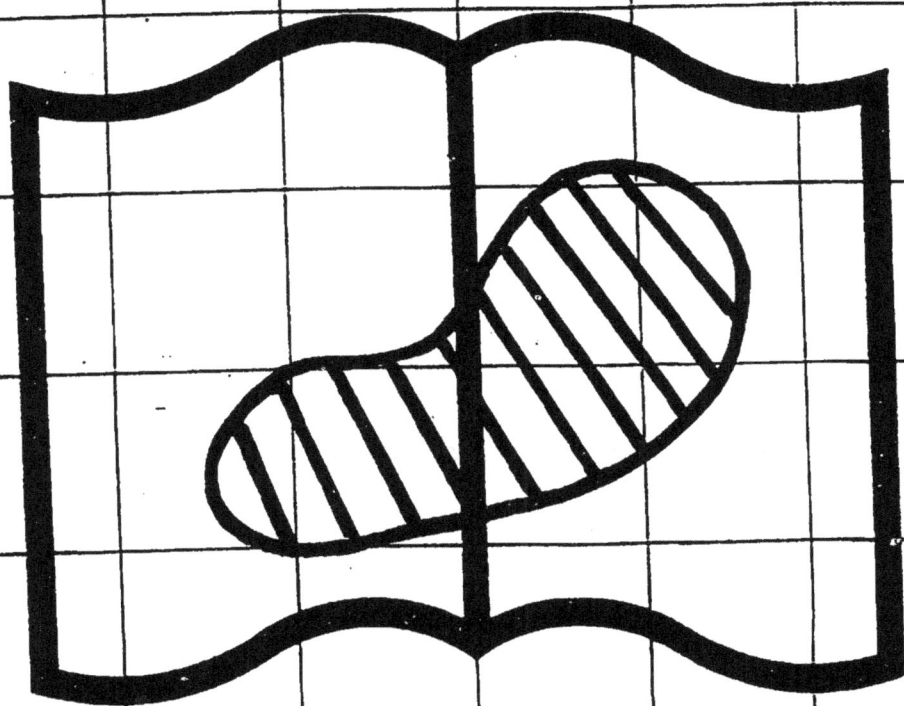

20,000 tonnes de fer par an, quantité qu'on avait doublée en 1860 ;

En 1867, la production se mesurait par les chiffres suivants : 200,000 tonnes de houille, 300,000 tonnes de minerai, 130,000 tonnes de fonte et 100,000 tonnes de fers et tôles ; les ateliers de constructions avaient livré depuis leur création : . ?

1,100 locomotives ;

125 marteaux-pilons ;

168 appareils de marine d'une force totale de 39,945 chevaux ;

630 machines fixes d'une force totale de 30,000 chevaux.

Enfin, aujourd'hui, la production est de 190,000 tonnes de houille (avec les annexes 715,000), 190,000 tonnes de fonte, 160,000 tonnes de fer et acier.

L'USINE

L'USINE

ANNEXES

DES USINES DU CREUSOT

Chantier de constructions de ponts et coques de navires à CHALON-SUR-SAONE (Saône-et-Loire).

Briqueterie de PERREUIL (Saône-et-Loire).

Mines de houille de MONTCHANIN et LONGPENDU (Saône-et-Loire).

Mines de houille de DECIZE (Nièvre).

    —   MONTAUD (Loire).

Mines de fer de   MAZENAY (Saône-et-Loire).

    —   ALLEVARD (Isère).

    —   SAVOIE (Savoie).

MINES DE HOUILLE DONT LE CREUSOT EST CO-PROPRIÉTAIRE :

BEAUBRUN (Loire).

BRASSAC (Puy-de-Dôme).

STATISTIQUE DU CREUSOT
1874

ÉLÉMENTS STATISTIQUES	CREUSOT	ANNEXES	TOTAUX
Consistance des Usines			
Surface des usines et dépendances industrielles......	176	136	312 hectares.
— des bâtiments............................	21	7	28 id.
Longueur des chemins de fer ⟨ Grandes voies......	57	22	79 kilomètres.
Petites voies.......	28	99	127 id.
Effectif du personnel...........................	9.800	5.700	15.500 ouvriers.
Nombre d'appareils à vapeur....................	234	74	308 machines.
Force des appareils en chevaux-vapeur..........	15.700	3.300	19.000 chevaux.
Production			
Houille....................... Poids........	190.000	525.000	715.000 tonnes.
Fonte......................... id.	190.000	—	190.000 id.
Fer........................... id.	90.000	—	90.000 id.
Acier......................... id.	70.000	—	70.000 id.
Locomotives................... Nombre par an.	100	—	100
Machines, ponts, etc........... Valeur par an.	6.000.000	2.500.000	8.500.000 francs.

L'USINE

———

Un quart d'heure à peine s'est écoulé depuis que l'on a quitté Montchanin, où la ligne de Moulins s'embranche sur celle de Chagny à Nevers, lorsque la locomotive, après avoir longé la grande forge et l'atelier des bandages pendant près de 800 mètres, annonce, par un coup de sifflet, son entrée en gare. Un panorama à la fois étrange et grandiose se déroule alors aux yeux étonnés du voyageur : il est en présence de ce Creusot dont la réputation est parvenue aux quatre coins du monde.

Juste en face de lui, il a la belle installation des puits Saint-Pierre et Saint-Paul; à droite, au fond de l'étroite vallée où il se trouve, il aperçoit les hauts-fourneaux, l'aciérie et les ateliers de constructions avec leurs cheminées de 80 à 85 mètres de hauteur, véritables géants de l'industrie chargés de porter jusque dans les nues des torrents de vapeur et de fumée ; à sa gauche, il voit le puits Saint-Laurent, la gare privée, la grande forge et l'atelier destiné à fabriquer les bandages. Au-dessus de l'ensemble et couronnant la colline, la ville étale ses maisons noirâtres, auxquelles font vis-à-vis les habitations disséminées et de jour en jour plus rares qui s'élèvent sur la Marolle.,

Presque en sortant de la gare, après être passé sur un pont jeté au-dessus des voies ferrées de l'usine, on arrive au bâtiment de la Direction ; c'est là qu'il faut aller pour obtenir le guide et la permission nécessaires pour parcourir l'établissement, dans l'intérieur duquel nous allons introduire le lecteur.

En Angleterre, le pays par excellence de l'industrie du fer, on rencontre quelques rares usines, qui, pour des parties spéciales,

ont une production égale et parfois supérieure
à celle du Creusot ; mais nulle part on ne
trouve un ensemble aussi gigantesque, nulle
part on ne trouve, sur une aussi vaste échelle,
l'exploitation de la houille réunie à celle
du minerai, la fabrication du fer et de
l'acier réunie à la construction des machines.
Seraing, en Belgique, bien que conçu sur le
même plan, est loin de pouvoir lui être
comparé.

De tous les établissements adonnés au
travail du fer, le Creusot est donc, sans
contredit, le plus vaste et le plus complet.
Comme producteur de fer et d'acier, il
peut se mettre en parallèle avec n'importe
quelle forge ; comme constructeur de
machines, il rivalise avantageusement avec
les meilleurs ateliers. Etabli sur la houille
même et à proximité d'une riche mine de
fer, placé presque au centre de la France,
entouré aujourd'hui de voies de fer et d'eau
qui lui permettent d'expédier facilement ses
produits sur tous les points du territoire et
de faire arriver ses approvisionnements
jusqu'au cœur même de l'usine sans camion-

nage ni fausse manœuvre, il se trouve dans les meilleures conditions possibles pour développer son industrie et augmenter sa production. Celle-ci, quoique déjà immense, va toujours en croissant; elle est, de plus, tellement variée, qu'on peut dire qu'elle embrasse toutes les parties de la métallurgie. Extraire de la houille et du minerai, convertir le minerai en fonte, transformer cette fonte en fer et en acier qu'on livre ensuite au commerce sous toutes les formes possibles : fers marchands et profilés, tôles, rails, arbres de couche, ponts, locomotives, machines motrices, etc., tels sont, en effet, les différents travaux que le Creusot exécute et que nous allons examiner dans leur ordre naturel.

LA HOUILLÈRE

LA HOUILLÈRE

Surface de la concession.   64 kil. carrés.

Nombre d'ouvriers.....   1,200

Production annuelle.... 190,000 tonnes.

Production annuelle des
annexes. 525,000   id.

Nombre de puits d'ex-
traction............   7

20 appareils à vapeur
d'une force totale de..   900 chev.-vap.

LE CREUSOT

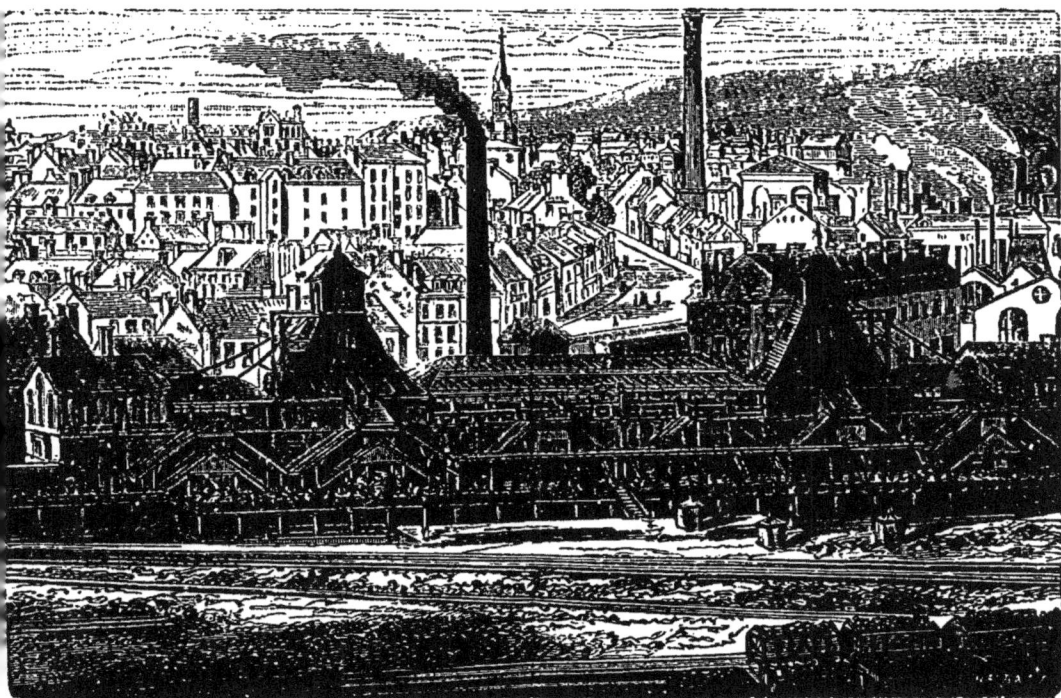

LES PUITS SAINT-PIERRE ET SAINT-PAUL
D'après une photographie de Deconclois.

LA HOUILLÈRE

Pendant cette effroyable période de siècles
qui ont précédé l'apparition de l'homme sur
notre globe, il y eut une époque dont la
durée serait impossible à apprécier, même
approximativement, où la terre (la partie
du moins qui émergeait des eaux) fut cou-
verte d'une puissante et luxurieuse végéta-
tion favorisée par la forte proportion d'acide
carbonique que renfermait l'atmosphère.
D'immenses forêts, qui n'ont plus d'analogue
dans notre création moderne, renfermaient,
outre plusieurs espèces de conifères, des
lycopodes, des lépidodendrons, des stigma-
ria, des calamites, des équisetum et plusieurs
espèces de fougères arborescentes qui attei-

4

gnaient 15 à 20 mètres de hauteur. Les débris de ces plantes s'accumulèrent au fond des marécages, et là, réunis probablement (1) à des restes d'animaux mous qui ont disparu sans laisser de vestiges, ils subirent une décomposition et une fermentation dont le produit est cette matière noire, brillante, à texture compacte et schisteuse qui se nomme *la houille*, et renferme 70 à 85 pour 100 de carbone.

Dans les formations plus anciennes, la proportion de carbone augmente, et ce qu'on obtient alors prend le nom *d'anthracite*.

Les bouleversements des âges suivants rompirent, disloquèrent les couches primitivement horizontales; des roches grenues ou feuilletées, les grès et les schistes s'y infiltrèrent et leur firent prendre des inclinaisons plus ou moins prononcées.

La couche houillère du Creusot, qui semble suivre la configuration du sol, a été brusquement redressée : au Nord, elle

_____

(1) A l'appui de ces probabilités, citons l'odeur ammoniacale dégagée par certaines houilles.

s'appuie sur le granit soulevé, tandis qu'au Sud, elle s'enfonce sous le grès rouge. Elle descend presque d'aplomb jusqu'à 240 mètres de profondeur, pour s'étendre ensuite en une nappe ondulée dont l'épaisseur atteint 15 et jusqu'à 30 mètres. Partout où la houille repose sur le granit, le charbon est maigre et passe insensiblement à l'état d'anthracite; au contact du grès, au contraire, la houille, très-riche en gaz, a conservé ses éléments hydrogénés. Qu'elle soit maigre ou grasse, elle est d'une pureté extrèmement favorable à la métallurgie.

Divers indices permettent de croire qu'une masse immense, mais profonde de houille, unit les exploitations du Creusot à celles de Montchanin et à celles de Blanzy, situées à une distance de 20 kilomètres. De tous les sondages faits pour la rechercher, le plus important est celui de la Mouille-Longe, foré de 1853 à 1857, et poussé jusqu'à 911 m. 60. Le foret d'acier s'étant brisé alors, sans que, malgré les efforts faits, il fût possible de le retirer, on dut abandonner le travail. Toutefois, le terrain houiller a été retrouvé au-dessous des grès bigarrés, à la profondeur de 371 mètres, et, dans ce puits de près d'un kilomètre, M. Valfredin put vérifier la loi de l'accroissement de chaleur à mesure qu'on descend dans l'intérieur de la terre ; mais il constata que le thermomètre montait d'un degré par 27 mètres seulement et non par 25 mètres d'abaissement.

A l'origine, on a exploité la couche de charbon dans les endroits où elle venait affleurer le sol ; mais, depuis longtemps, l'exploitation est entièrement souterraine, hormis sur un point situé au fond de la vallée et appelé *le découvert de la Croix*. Autour d'une vaste excavation, où l'extrac tion se pratique encore à ciel ouvert, on peut voir l'ouverture d'anciennes galeries abandonnées, tandis que d'autres, plus récentes, s'enfoncent horizontalement et vont attaquer la masse à différentes hauteurs. Au sommet de la colline, la houille, par une cause accidentelle, a pris feu et brûle lentement, en dégageant çà et là de légères fumées.

Les petites voies ferrées, que l'on a établies

dans chacune des galeries, forment un
ensemble de chemins de fer, sur lesquels
circulent les wagonnets nécessaires à l'enlè-
vement des matières extraites. Poussés à
bras ou remorqués par des chevaux, ils
arrivent au pied d'un plan incliné qu'une
locomobile, installée au sommet, leur fait
remonter pour les amener au niveau du
sol. Le charbon est ensuite conduit dans
un vaste dépôt situé non loin de là, où,
pour le débarrasser de ses impuretés, on
lui fait subir un lavage. Un petit railway,
traversant la montagne près de cet endroit,
sert à transporter dans ce même dépôt les
produits d'une exploitation prati uée sur
l'autre versant de la colline.

On a appliqué d'abord à la partie souterraine la méthode dite des *éboulements*,
appelée aussi du nom expressif de *fou-*
droyage, qui en explique très-bien les effets.
Au risque de se faire écraser et obligés de
fuir devant l'éboulement, les mineurs, armés de longues perches, à l'extrémité
desquelles étaient emmanchés des pics,
provoquaient la chute du charbon par gros

blocs au-dessus de leurs têtes. Cette manière
de procéder présentait de graves inconvénients : pour soutenir le ciel de la mine, on
laissait, comme étais, nombre de piliers de
houille qui devenaient improductifs; la fermentation des charbons menus et sulfureux
occasionnait des incendies dans les travaux,
et, de plus, comme on ne s'occupait nulle-
ment de remplir les vides intérieurs, le terrain
finissait par céder; d'immenses crevasses,
telles que celles que l'on trouve sur la
hauteur qui domine l'usine au nord, se
propageaient jusqu'au niveau du sol; les
bâtiments étaient menacés d'écroulement et
les eaux envahissaient les chantiers souter-
rains.

La nécessité de ne rien laisser dans la
mine, et, par conséquent, de produire la
houille à meilleur compte, a conduit le
Creusot, comme, au reste, tous les exploi-
tants, à appliquer la méthode dite *par
remblais*. Et si, malgré toute l'exactitude
avec laquelle on la pratique, il est impossible, à mesure que l'étendue des vides augmente, d'empêcher une partie de la surface

de suivre les mouvements du sous-sol et de s'affaisser peu à peu, du moins l'affaissement se fait d'une manière régulière.

La houille est abattue par étages successifs remblayés au fur et à mesure avec les roches stériles de la mine et celles qu'on y descend. Les mineurs, attaquant le charbon tendre à coups de pic, le charbon dur et les rochers par la poudre, creusent des galeries horizontales dont, à mesure qu'ils avancent, on soutient les côtés et le ciel par des pieux en bois posés bien solidement sur le sol même de la galerie et supportant des traverses recouvertes de fascines; c'est ce qu'on appelle *le boisage de soutènement*. On établit ensuite une petite voie ferrée sur laquelle roulent les bennes qui viennent chercher l'utile minéral. Elles sont classées sur le lieu même de l'extraction et portent une ou plusieurs fiches en bois, piquées dans leur contenu, pour indiquer si le charbon vient d'une exploitation plus ou moins mélangée de matières étrangères. Des chevaux, qui séjournent dans la mine où on les a descendus au moyen d'un harnais spécialement fait dans ce but, traînent ces bennes jusque vers le puits, et des hommes les poussent dans la cage· qui doit les remonter à' la surface du sol.

Autrefois, la margelle des puits était surmontée d'une mauvaise charpente, le câble rond en chanvre s'enroulait lentement· sur un tambour cylindrique, horizontal ou vertical, et la tonne qui y était suspendue par des chaînes en fer oscillait librement dans le puits, où celle qui montait accrochait parfois celle qui descendait. Aujourd'hui, les puits, couronnés de belles et solides charpentes, sont *guidés*, c'està-dire munis, sur toute leur hauteur, d'une couple de fortes tiges en bois, véritable chemin vertical, le long duquel glissent les cages garnies de toits et de *parachutes*.

L'extraction, au Creusot, se fait par sept puits creusés autour de la vallée. Les deux principaux, nommés *Saint-Pierre* et *Saint-Paul*, sont situés en face l'un de l'autre et constituent un ensemble aussi magnifique que complet. Ouverts à grande section, ils fournissent à eux seuls 120,000

tonnes sur les 190,000 que produit la
houillère. Chacun d'eux possède une très-
jolie machine à vapeur de la force de
100 chevaux. Celle-ci se compose de deux
cylindres conjugués à longue course, attaquant directement l'arbre des bobines sur
lesquelles s'enroulent des câbles plats passant sur de grandes poulies en fonte,
établies au sommet de la charpente, au-
dessus de l'ouverture du puits. La distribution est à coulisse, et le machiniste,
placé en face de la recette, a sous la
main : la mise en train, le changement de
marche, les purgeurs et le levier d'un
frein à vapeur énergique produisant un
arrêt instantané. A côté de lui se trouve
le porte-voix, qui lui permet de correspon-
dre avec l'intérieur de la mine, et un
mécanisme, mû par la machine même, met
en mouvement une sonnette qui l'avertit
du moment où il doit arrêter.

Lorsque la cage est arrivée à la hauteur
de la plate-forme de réception, on en sort
les bennes, et, suivant la qualité qui, ainsi
que nous l'avons déjà dit, est indiquée par

des marques, les rouleurs les conduisent à l'un ou à l'autre des six culbuteurs placés au niveau même de la plate-forme. Celle-ci surmonte six cribles; chacun d'eux se compose d'une grille oscillante, percée de trous de 30 millimètres, qui retient, au moment où le culbuteur renverse la benne, les plus gros morceaux de houille; ces fragments s'appellent *grelat*, et ce qui a traversé la grille est un mélange de *chatilles* et de *menu*. On sépare ces derniers en les lavant, mais parfois aussi au moyen d'une seconde grille placée sous la première, et qui laisse passer seulement les morceaux qui n'ont pas quatorze millimètres.

La grosse houille est simplement triée par des femmes qui enlèvent avec soin les parties terreuses et les morceaux de roches qui y sont contenus; la plus petite est lavée pour la débarrasser des matières étrangères. A cet effet, huit lavoirs ont été installés sur une large estrade, placée au-dessous des cribles et supportée par des colonnes en fonte. Le lavage s'opère dans une bâche en tôle, où un flot d'eau, chassé par un piston

rectangulaire, pénètre à travers un treillage
en laiton, soulève le charbon plus léger que
les schistes et l'en sépare. Le charbon,
amené à la surface par le mouvement, est
entraîné dans la partie de la bâche opposée
au piston, où une chaîne à godets le prend
pour le jeter à nouveau sur un crible incliné
que les menus traversent, mais qui laisse
couler les plus gros morceaux ou *chatilles*.
Les schistes, maintenus au fond par leur
poids, tombent dans un tuyau prismatique
et sont de temps en temps recueillis par
des wagonnets qui les emportent.

Trois larges voies de fer, se reliant à
celles de la gare privée, amènent sous
l'estrade des wagons de grande dimension,
dans lesquels on pousse, par des trous,
percés de distance en distance dans le plan-
cher, la houille triée ou lavée, que l'on
conduit ensuite dans les endroits où elle
doit être utilisée.

A certains moments, on laisse écouler les
eaux de lavage en les dirigeant, toutefois,
dans des fosses, où elles déposent, sous forme
de boue très-épaisse, un charbon en poudre

impalpable, impropre à la métallurgie à cause des impuretés sulfureuses et autres qu'il renferme, mais très-bon pour le chauffage auquel on l'emploie sous le nom de *résidu*.

Les houilles extraites sont de quatre natures différentes :

Les houilles grasses pour forges maréchales ; elles contiennent 20 à 22 pour 100 de matières volatiles ;

Les houilles mi-grasses pour fours à réverbère, renfermant 18 à 20 pour 100 de matières volatiles ;

Les houilles maigres pour chauffage des chaudières, renfermant 13 à 18 pour 100 de matières volatiles ;

Enfin, les anthracites, dans lesquels on n'en trouve plus que de 10 à 13 pour 100.

L'épuisement des eaux de la mine se fait sur divers points, mais surtout par le puits Saint-Laurent, construit spécialement dans ce but. On y a établi une puissante machine à vapeur du système Woolf, développant

une force de 300 chevaux. Les deux cylindres,
dont le grand a 2 m. 60 de diamètre et 4 m.
de course, actionnent sans volant et directement 6 jeux de pompes versant en moyenne,
par jour, 2,000 mètres cubes d'eau dans
l'étang de la forge, dont il sera parlé plus
loin. La distribution est à cataracte ; un
contre-poids placé à l'extrémité d'un énorme
balancier équilibre le poids des tiges.

Decize et Montchanin, les deux principales
succursales houillères du Creusot, comptent
sept puits d'extraction et de nombreux appareils à vapeur fournissant une force totale
de 2,000 chevaux.

LA MINE DE FER - MAZENAY

LA MINE DE FER - MAZENAY

Exploitation depuis 28 jusqu'à 35 kilomètres du Creusot.

Chemin de fer privé.

Surface de la conces-
sion. . . . .   15 kilom. carrés

Production annuelle. 250,000 tonnes.

Nombre d'ouvriers. . .   650

6 Machinses à vapeur,
ensemble. . . . . :   90 chevaux-vap^{r}

LA MINE DE FER - MAZENAY

A l'exception de quelques pierres météoriques qui en contiennent de 85 à 95 pour 100, le fer ne se rencontre presque jamais à l'état natif; il est ordinairement engagé dans des combinaisons connues sous le nom de *minerais*, et d'où il faut l'extraire par des moyens très-compliqués.

Sous forme d'oxyde de fer, il est réuni d'habitude à des matières étrangères qui constituent ce que l'on appelle *la gangue*.

Le Creusot, richement doté sous le rapport du combustible, ne possède pas de mine de fer; mais non loin de là, à 30 kilomètres environ plus au Nord-Est, entre Couches et Nolay, se trouvent Mazenay et sa riche

minière, dont il a toujours été l'exploitant.
Quatre fois par jour, un train de vingt
wagons, conduit par une locomotive du
Creusot, vient y chercher le minerai. Les
huit premiers kilomètres du parcours se
font sur le chemin de fer particulier, que le
train quitte à Montchanin pour passer sur
la ligne de Lyon, moyennant un droit cal-
culé par tonne et par kilomètre. Après un
trajet de seize kilomètres accomplis ainsi, et
pendant lequel il a traversé trois stations :
Saint-Julien, Saint-Bérain et Saint- Léger,
il quitte, à cette dernière, les rails de la
Compagnie de Lyon pour s'aiguiller à
nouveau sur ceux du Creusot, qui le
conduisent jusqu'à destination.

Là, le site est complètement changé : ce
ne sont plus ces pays granitiques à l'aspect
sombre, sévère et inculte, mais des contrées
vignobles, fertiles et riantes, bien qu'animées
par l'industrie. De distance en distance, des
logements d'ouvriers, des orifices de galeries
qui pénètrent dans le sol, ou encore des puits
d'extraction avec leurs fortes charpentes et
leurs machines, d'où s'échappent des jets

de vapeur, vous avertissent que la culture ne règne pas seule ici.,

On est en plein terrain jurassique; les géologues lui ont donné ce nom, parce que ses formations principales se développent dans le Jura. L'étage est celui de l'oolithe ferrugineuse, appelée ainsi parce que les immenses dépôts de minerais de fer oolithique qu'elle renferme sont composés de grains agglutinés ressemblant à des œufs de poissons.

Le minerai à gangue calcaire qu'on en tire est couleur de rouille, passant quelquefois au brun; sa densité est de 1,800 kilog. le mètre cube, son rendement est de 27 à 28 pour 100.

La profondeur des puits n'atteint pas 40 mètres; celle du puits Saint-Charles est de 36 mètres. Le gîte a 8 kilomètres de long sur un kilomètre de large environ, et est beaucoup plus considérable qu'on ne l'avait supposé d'abord; car l'épaisseur de la couche de minerai, qui, dans le principe, n'était que de 50 centimètres, semble augmenter à mesure qu'on s'enfonce sous la montagne

de Rème et dépasse maintenant deux mètres.
C'est là, pour l'exploitation, un avantage
immense, et qu'il est facile d'apprécier.
Dans une couche d'un mètre, les hommes,
pliés en deux, sont très-gênés dans leurs
mouvements; on est forcé d'employer des
bennes très-petites et de choisir les rouleurs
parmi les enfants de petite taille. D'un autre
côté, la roche de fer s'attaque en taillant au
pic une tranchée au milieu et en faisant,
par un coup de mine, sauter la partie inférieure; un second coup fait tomber la partie
supérieure. On voit donc que le travail n'est
pas plus long pour deux mètres que pour un
seul; il faut peut-être un peu plus de
poudre, mais on obtient juste le double de
minerai, que des jeunes gens peuvent, sans
se courber, empiler dans de grandes bennes.
Celles-ci, poussées à bras d'hommes ou par
une petite locomotive de 50 centimètres de
voie, sont conduites dans la galerie princi-
pale et ensuite accrochées au câble qui les
amène à la surface du sol. Elles sont presque
toujours versées immédiatement, au moyen
d'un basculeur, dans des wagons de forme

trapézoïdale à fond mobile, qui transportent sans transbordement le minerai jusque près des hauts-fourneaux. Cependant les gros morceaux sont souvent mis en stock, en face des puits, pour parer aux jours de chômage.

Le Creusot n'emploie pas seulement les minerais de Mazenay, qui ne donnent que des fers de qualité inférieure. Sur la *plate-forme,* on trouve aussi le minerai oxydulé magnétique de Mokta-el-Hadid, près Bône (Algérie). Il se présente en une masse d'un gris foncé, à l'aspect métallique et à structure cristalline, dans laquelle le fer oxydé forme de légères veines; il est facilement reconnaissable à l'aspect miroitant des petites facettes qui le composent. Son rendement est de 62 à 65 pour 100, et les fers qu'il donne sont comparables à ceux de Suède. Il doit exister d'immenses quantités de ce minerai, ainsi que tendrait à le prouver son nom arabe, qui signifie *montagne de fer.*

A côté, nous voyons le minerai oligiste de l'île d'Elbe, aux cristaux métalliques, brillants et irrisés, rendant 58 à 60 pour 100, puis les terres lavées de cette même contrée

qui étaient dédaignées autrefois, mais qu'on
est heureux de retrouver aujourd'hui.

Plus loin se trouvent les minerais pisoli-
thiques du Berry, si bien nommés, car on
les prendrait pour des pois fossiles. On les
exploite à Chanteloup, Saint-Florent (Cher);
ils sont terreux, d'une couleur jaune sale et
rendent 38 à 40 pour 100.

Pour finir cette énumértaion, nous dirons
que l'on refond aussi dans les hauts-
fourneaux en les mélangeant, bien entendu,
avec des minerais, les scories qui s'écoulent
des fours où l'on soude le fer à la forge; ce
sont des silicates de protoxyde de fer, d'une
teneur de 50 à 55 pour 100. Ces scories
sont noires et poreuses, mais très-fusibles, et
on leur fait rendre ainsi une partie du métal
qu'elles ont entrainé.

Quelle que soit leur provenance, les minerais remontent tous la pente du Nord
jusqu'à l'angle fermé de la vallée, et, s'aiguil-
lant sur la voie ferrée de la colline Sud,
sont repoussés par la locomotive jusqu'à
l'extrémité de l'estacade qui domine la
plate-forme des hauts-fourneaux, et au-

dessous de laquelle on a ménagé des cases. Suivant la qualité de minerai qu'ils contiennent, les wagons sont déchargés dans l'un ou l'autre de ces compartiments.

Au Creusot, on analyse avec soin tous les minerais, afin d'en connaître outre le rendement, la composition générale ; celle-ci une fois déterminée, on peut, pour arriver au degré de fusibilité voulu, faire des mélanges qui sont connus sous le nom de *lit de fusion*. Cependant, pour rendre la gangue complètement fusible et préserver la fonte de l'action du courant d'air, on est obligé d'ajouter une certaine quantité de matières stériles que l'on nomme *fondants*. C'est alors le granit que l'on trouve sur les lieux mêmes ; c'est la castine-marbre de Gilly-sur-Loire, calcaire susceptible de recevoir un beau poli ; c'est enfin le calcaire oolithique de Mazenay, où il est superposé au minerai. Cette pierre, qui fournit également des moëllons de bâtisse et sert à faire de la chaux, est remplie de fossiles ; on y trouve en grande abandonce des gryphées arquées, des bélemnites et quelques ammonites.

LES HAUTS-FOURNEAUX

LES HAUTS-FOURNEAUX

Production annuelle. 190,000 tonnes.

Fours à coke horizon-
  taux............. 190 fours.

Fours à coke Appolt,
  13 groupes de 18
  compartiments, soit 234 fours.

9 Machines soufflan-
  tes, ensemble..... 1,600 chevaux-vap^r.

11 Machines diverses,
  ensemble......... 300 —

Nombre de hauts-four-
  neaux............ 13

Nombre d'ouvriers.. 780

LES HAUTS-FOURNEAUX

Le combustible que l'on emploie pour réduire le minerai et l'amener à l'état de fonte est le coke, produit de la carbonisation de la houille. Cette carbonisation se fait dans des fours spéciaux ; elle a pour but de donner une matière qui ait un plus grand pouvoir calorifique sous un moindre volume, tout en enlevant la plus grande partie du soufre que contient la houille.

Le coke, au Creusot, provient de la cuisson d'un mélange de houille grasse du bassin de la Loire, avec les poussières d'anthracite venant de la houillère. Les charbons maigres, non menus, sont d'abord débarrassés des subtances pierreuses, lavés et, avant

d'être mélangés avec les charbons gras,
broyés soit entre les cylindres d'un appareil spécial, la machine Bérard, soit entre
deux disques à double rang de barreaux
entre-croisés dont se compose le broyeur
Carr. Ces deux disques, enfermés dans une
caisse en tôle semblable à celle des ven-
tilateurs, tournent en sens contraire, avec
une vitesse variant de 4 à 600 tours par
minute.

Les fours employés pour la carbonisation
sont de deux sortes : les fours belges ou
horizontaux, au nombre de 190, et les fours
verticaux ou Appolt, du nom de l'inventeur,
formant 13 massifs de 18 compartiments
chacun, soit un total de 234 fours. Les
premiers reçoivent une charge de 40 hectolitres, ou environ 3,300 à 3,400 kilog. par
four ; chaque compartiment des seconds
contient 20 hectolitres ou 1,700 kilog.

Lorsque la cuisson est terminée, ce qui
demande environ 24 heures, on procède
au défournement. Le coke sort en grandes
masses agglomérées que l'on éteint en les
arrosant. Dans les fours Appolt, la porte

LE CREUSOT

LES HAUTS-FOURNEAUX
D'après une photographie de Deconclois.

de déchargement s'ouvrant par dessous, la charge tombe dans un wagon que l'on place sous le foyer; dans les fours belges, elle est poussée par une plaque en fer appelée *repoussoir*, et placée à l'extrémité d'une forte crémaillère, qui est mise en mouvement par une locomobile dont elle fait partie. La locomobile se meut sur un chemin de fer parallèle aux fours, devant chacun desquels elle peut venir se présenter successivement. Le coke est jeté sur le sol même de l'usine, et, immédiatement, des hommes armés de lances à incendie terminant des tuyaux en cuir l'inondent de jets d'eau qui se dégagent en torrents de vapeur. Sitôt le défournement fini, on recharge les fours, d'où ne tarde pas à sortir une flamme d'un rouge sombre, qui, la nuit venue, leur donne l'apparence d'immenses torchères projetant leur lumière sur les objets environnants.

Le rendement est de 73 pour 100, d'un coke bien agglutiné, très-dense, très-solide, faisant du retrait à la cuisson au lieu de gonfler; il contient 10 pour 100 de cendres

6

et est peu sulfureux; cette absence de soufre explique la bonne qualité à chaud des fers du Creusot.

Les énormes foyers dans lesquels on opère la conversion du minerai en fonte s'appellent *les hauts-fourneaux;* ils sont bien nommés, car ce sont les plus vastes de tous ceux qu'emploie la métallurgie. Ils sont, au Creusot, au nombre de 13 : 9 sont placés sur une même ligne et 4 en équerre avec les premiers; leur hauteur varie de 20 à 25 mètres et leur forme est celle d'un tronc de cône supporté par des colonnes en fonte. La partie extérieure est en briques, avec cercles en fer de distance en distance; cependant, les plus récemment construits sont entièrement bardés de tôle, suivant le type écossais. Par une disposition des plus heureuses, les hauts-fourneaux sont adossés à un massif de 506 mètres de long, appuyé d'un côté sur le roc et soutenu des trois autres côtés par des murs épais et solides. Ce massif, disposé sur le flanc même de la colline, au sommet de laquelle s'élève la ville, constitue une plate-forme de 60 à 120 mètres

de large, dominant de douze mètres le sol
de la vallée.

Intérieurement, un haut-fourneau se
compose de cinq parties essentielles et fon-
damentales : *la cuve, le ventre, les étalages, l'ouvrage et le creuset.* L'orifice supé-
rieur de la cuve se nomme *le gueulard,*
et c'est par là que sont introduites les
charges; celles-ci, placées dans des wagonnets cylindriques, sont élevées par un
monte-charges hydraulique jusqu'au niveau
du gueulard, au-dessus duquel un chemin
de fer les amène ; fermé en tous temps pour
éviter la déperdition des gaz, il s'ouvre alors
au moyen d'un mécanisme spécial pour
recevoir le coke d'abord, le minerai ensuite.

Sur le plan·supérieur du creuset, sont
établies, au nombre de trois, les tuyères, orifices par lesquels pénètre l'air lancé par les
souffleries et porté, avant d'arriver au fourneau, à une température de 5 à 600 degrés
Ce chauffage préalable se fait dans des
appareils spéciaux, dits à *air chaud,* de
deux systèmes ayant une grand analogie :
l'appareil Withwell et l'appareil Cowper.

Les gaz, composés surtout d'oxyde de carbone, qui se forment dans le haut-fourneau et se dégagent en abondance sous forme d'une vapeur blanche et épaisse lorqu'on ouvre le gueulard, sont soigneusement recueillis. Une partie sert à chauffer les chaudières qui produisent la vapeur nécessaire à activer les machines, l'autre passe dans les appareils dont nous venons de parler, brûle en se combinant avec une certaine quantité d'air et élève ainsi, jusqu'au point voulu, la température de la chambre dans laquelle on fera ensuite passer le vent envoyé par les souffleries, et qui, lorqu'il en sortira pour entrer dans les hauts-fourneaux, ne sera, pour ainsi dire, plus qu'un jet de flamme.

Examinons maintenant succinctement, et en ne tenant compte que des réactions principales, la marche descendante du minerai et du coke. Les deux matières sont introduites dans le fourneau, le combustible toujours le premier. Le minerai commence par se déshydrater ou se dessécher et traverse une certaine portion de la cuve sans s'altérer, en s'échauffant cependant à mesure qu'il descend ; quand il a atteint une température suffisamment élevée, il est réduit par l'oxyde de carbone, et l'acide carbonique qui en provient s'ajoute à celui que dégage le fondant calcaire en se transformant en chaux. C'est au ventre que ces réactions s'accentuent : coke, minerai réduit, gangue et fondant continuent à descendre ensemble et atteignent les étalages où la température devient de plus en plus élevée; ici la chaux commence à réagir sur la gangue pour former ces silicates doubles et fusibles qu'on nomme *le laitier*, tandis que le fer se combine avec du carbone et un peu de silicium, qui le rendent liquide en l'amenant à l'état de fonte. Mais cette fonte, mêlée aux silicates, continue à descendre, arrive dans l'ouvrage où, par suite de l'élévation extrême de la chaleur, le mélange acquiert son maximum de liquidité et tombe dans le creuset. La fonte, d'une densité plus forte, se rend au fond, pendant que les laitiers surnagent et débordent par la dame pour couler sur le sol de l'usine. Des barres

de fer, recourbées en crochets, sont placées
sur le chemin de cette lave brûlante
qui se solidifie autour; à ces crochets, on
fixe des chaînes qui, en s'enroulant sur le
tambour d'un treuil, tirent hors de la
halle ces masses sans cesse renouvelées. On
les charge ensuite dans des wagons, qui les
emportent pour servir de ballast ou de
remblais.

A la base du haut-fourneau se tiennent
le maître-fondeur et ses aides, chargés de
veiller à la bonne marche de l'appareil et
d'apporter le remède, quand il vient à se
déranger. Leurs indications reposent sur
l'examen des tuyères et de la scorie, qu'ils
doivent casser de temps en temps pour
juger, par sa couleur et son aspect, si tout
fonctionne convenablement.

C'est également à la base que se fait la
coulée : celle des laitiers, avons-nous dit,
est presque continue; celle de la fonte a lieu
généralement de six à huit fois par vingt-
quatre heures et présente un des spectacles les
plus émouvants que les usines métallurgiques
offrent aux yeux des visiteurs. Armé d'un

ringard, le fondeur perce le trou de coulée ;
aussitôt un torrent de fonte, blanche de
chaleur, s'échappe à gros bouillons, et
vient remplir les moules en sable qui lui
ont été préparés d'avance et avec précaution,
car, si ce sable était trop mouillé, le métal,
au contact de l'eau, ferait explosion et
retomberait en une pluie incandescente
qui pourrait occasionner de graves accidents.

La production de la fonte est d'environ
500 tonnes par jour, se divisant en trois
classes principales : la fonte de fonderie,
coulée en gueusets de 1 mètre de long sur
10 centimètres de large; celle d'affinage,
coulée en plaquettes, et celle qui est destinée
à la fabrication de l'acier.

L'air qui doit activer la combustion est
lancé dans les hauts-fourneaux par des
machines soufflantes dont nous n'avons pas
encore parlé, mais que leur importance ne
permet pas de passer sous silence. Elles
forment trois groupes distincts, dont le plus
ancien peut être regardé comme étant les
machines de secours ; celles-ci sont horizon-

tales, à grande vitesse, avec distribution du vent par tiroir. Le deuxième groupe comprend 4 belles machines d'une force de 200 chevaux chacune, réunies dans un même bâtiment, flanqué de deux constructions qui renferment les chaudières à vapeur. Le système est vertical, à traction directe ; les cylindres à vent, dont la distribution se fait par clapets, sont en bas ; au milieu se trouvent les cylindres à vapeur avec distribution par soupapes, et, dans le dessus, les volants à contre-poids équilibrant le poids des tiges des pistons, ce qui permet de faire usage d'une détente donnée par les cames mêmes d'introduction. Le dernier groupe, le plus récent et le seul que l'on soit admis à visiter, contient 2 machines d'une force de 250 chevaux chacune, établies suivant le système de Seraing ; le cylindre à vent est au-dessus du cylindre à vapeur à distribution par soupapes ; les bielles sont en retour avec deux volants portant les manivelles. Le vent est distribué par clapets ; mais une disposition particulière permet de l'aspirer, soit au dehors, soit dans l'intérieur du bâtiment.

La vapeur nécessaire est produite par la combustion d'une partie des gaz recueillis dans les hauts-fourneaux, et que d'énormes tuyaux cylindriques en tôle, aménagés avec soin, amènent sous les corps de chaudières. Le tirage se fait par deux grandes cheminées : l'une, la plus vieille, en briques, est haute de 75 mètres et se dresse orgueilleusement à côté de la flèche de l'église, qu'elle dépasse de beaucoup ; la seconde est en tôle, sa hauteur est de 85 mètres, et c'est la première que le Creusot ait montée virole par virole, au moyen d'un dispositif très-ingénieux inventé par l'un de ses ingénieurs.

LES ACIÉRIES

LES ACIÉRIES

---

3 groupes système Bessemer.

6 fours Martin-Siemens.

2 machines soufflantes

    ensemble .... 1,300 chevaux - vap^r

6 machines   diverses

    ensemble 150   —

Nombre d'ouvriers ... 500

Production annuelle.. 80,000 tonnes.

LES ACIÉRIES

Bien des métallurgistes s'étaient demandé, en voyant sortir la fonte des hauts-
fourneaux, s'il n'y aurait pas, pour la
convertir en fer, un moyen plus simple et
moins dispendieux que celui de l'affinage.
La gloire de découvrir ce procédé
devait revenir à Bessemer. Les essais qu'il
faisait pour trouver une matière propre à
fabriquer des canons, l'amenèrent à
convertir directement de la fonte en un
métal qui a reçu le nom d'acier par suite
des grandes analogies qu'il présente avec ce
dernier; et c'est là une des plus belles concep-
tions métallurgiques. A première vue, cependant, elle a dû paraître un paradoxe, car il a

dû sembler extraordinaire qu'avec un
courant d'air froid dirigé dans un bain
de fonte liquide, on pût élever la température assez haut pour conserver au métal
toute sa fluidité, même lorsqu'il est converti
en fer.

Cette méthode était déjà appliquée dans
plusieurs autres usines, lorsque le Creusot
se décida à l'adopter et construisit les
magnifiques ateliers qui composent aujourd'hui ses aciéries et qui commencèrent
à marcher sur la fin de l'année 1869. Tout
y a été conçu et établi sur de vastes proportions, et on y a fait une large application d'une nouvelle force motrice : l'eau
comprimée, que nous avons déjà vu
appliquer aux monte-charges des hauts-
fourneaux. On peut, sans crainte de se
tromper, dire que les prodiges qu'elle
accomplira égaleront ceux qu'a accompli
la vapeur.

Rien n'est curieux et surprenant, en effet,
comme de voir, lorsqu'on entre à l'aciérie,
tous les appareils se mouvoir, tourner à
droite ou à gauche, enlever des fardeaux

LES ACIÉRIES
D'après une photographie de Deconclois.

sans que la main de l'homme ou la plus
petite trace de vapeur apparaisse. C'est que
tous renferment un cylindre, sur le piston
duquel on fait agir, à distance et au moyen
de soupapes, l'eau, que des pompes, mises
en mouvement par 2 machines de 40
chevaux chacune, ont refoulée dans un
réservoir appelé *accumulateur*, en lui
communiquant une pression de 20 atmo-
sphères.

L'appareil dans lequel s'opère la transformation de la fonte en acier ressemble à
une cornue, et a reçu le nom de
convertisseur. Il est construit avec des
plaques de tôles analogues à celles des
chaudières à vapeur, et, intérieurement,
il est revêtu d'une chemise en briques
réfractaires. Il est monté sur des tourillons
disposés de manière que l'axe de rotation
passe près du centre de gravité; sur l'un
d'eux est calé un pignon qui engrène avec
une crémaillère terminée par un piston;
celui-ci imprimera de la sorte, et en temps
voulu, un mouvement de rotation au
convertisseur. L'autre tourillon est creux,

7

il communique d'un côté avec le réservoir
à air et, de l'autre, avec une boîte à
tuyères qui forme le fond de l'appareil et
est disposée de manière à pouvoir être facilement démontée.

On renverse le convertisseur dans la
position horizontale lorsqu'on y introduit
la fonte liquide, et, au moment où on le
redresse, on donne le vent. Le métal entre
immédiatement en ébullition, et la violente
agitation qui en résulte produit une com-
motion dans tout l'appareil, dont la gueule
vomit une flamme en quelque sorte rugis-
sante, provenant de la combustion du
carbone contenu dans la fonte mis en
présence de l'oxygène de l'air. Cette flamme
ne tarde pas à devenir tellement brillante
que, même en plein midi, les objets environnants projettent des ombres sur les
murs de l'usine. A l'extérieur, une fumée
épaisse et légèrement rougeâtre s'échappe
par torrents de la cheminée et dure presque
jusqu'à la fin de l'opération. Lorsque celle-ci
est terminée, la cornue ne contient plus
que du fer fondu que l'on ramène à l'état

d'acier par l'addition d'une certaine quantité de fonte blanche manganésifère appelée *spiegeleisen*. Au pied du convertisseur est placée une grue hydraulique armée d'un bras, à l'extrémité duquel est une poche garnie intérieurement de terre réfractaire, et dans laquelle on verse le métal en fusion, que l'on coule ensuite dans des lingotières en fonte rangées circulairement autour de la grue.

L'air, pour ce genre de fabrication, doit avoir une pression de 1 1/2 atmosphère; il est fourni par deux belles et puissantes machines soufflantes horizontales à traction directe, réunies dans un même bâtiment, en face de celui de l'aciérie proprement dite. Chacune d'elles développe la force de 650 chevaux et se compose de deux cylindres à vapeur conjugués, agissant aux extrémités d'un arbre qui porte le volant, et de deux cylindres à vent dont les tiges de piston sont soutenues en avant et en arrière par de forts coulisseaux. La distribution de la vapeur a lieu par soupapes, avec détente donnée par les cames d'introduction;

celle du vent, par des orifices recouverts de
bandes de caoutchouc; l'aspiration se fait en
dehors de la chambre par un tuyau cylindrique.

Lorsque les lingots sont refroidis, on les
sort des lingotières et on les charge sur
des wagons qui les conduisent à la forge,
où ils doivent être transformés en rails.

Le magnifique procédé que nous venons
de décrire rapidement présente cependant
deux inconvénients : le premier consiste en
ce que la nature même de l'opération em-
pêche d'essayer le métal avant la coulée
pour voir ce que l'on a obtenu et faire des
corrections, s'il était nécessaire; le second
est de ne pouvoir traiter toujours que des
matières nouvelles, sans tirer parti des
déchets, rognures, etc., qui accompagnent
forcément les transformations subséquentes,
et dont on ne saurait que faire si l'on
n'arrivait pas à les refondre. Mais cette
refonte exige une chaleur tellement forte,
que l'on ne peut pas l'obtenir d'une façon
convenable dans les foyers métallurgiques
ordinaires. Aussi,   pour   y   parvenir,

M. Martin, de Sireuil, a-t-il eu l'heureuse idée d'employer le four à chaleur régénérée de Siemens, qui donne des températures extraordinairement élevées, par suite du chauffage préalable et avec la chaleur perdue des produits de la combustion, non-seulement des gaz carburés, mais aussi de l'air qui doit les brûler.

Sous la sole du four, se trouvent quatre chambres à briques, dans deux desquelles passe, avant de se rendre à la cheminée, la flamme qui a servi à la fusion et qui sort du four par deux orifices placés à une des extrémités de la sole, tandis que des deux orifices semblables, situés à l'autre extrémité, le premier amène les gaz et le second l'air, qui ont tous deux accru considérablement leur température en traversant : l'un la troisième, et l'autre la quatrième chambre à briques. Lorsque les deux premières chambres se sont suffisamment échauffées, pendant que les deux autres se sont refroidies, on renverse le courant des gaz et des produits de la combustion au moyen de deux valves et deux clapets mis à portée de l'ouvrier.

Les gaz que l'on brûle ainsi sont produits dans des foyers spéciaux appelés générateurs à gaz ou gazogènes ; ils sont formés d'une cuve prismatique avec grille à gradins, dans laquelle on brûle lentement de la houille, de manière à avoir de l'oxyde de carbone et des hydrogènes carbonés qui sont recueillis et conduits par des tuyaux jusqu'aux fours qui doivent les utiliser.

L'acier Martin s'obtient en dissolvant, dans un bain de fonte pure, du fer doux ou des rognures d'acier que l'on a préalablement chauffées dans un réverbère spécial, et en opérant l'affinage du mélange par le contact de l'air. L'addition se fait par fractions, et l'on répète jusqu'à ce qu'on soit arrivé à la quantité et à la qualité que l'on désire ; on procède alors à la coulée, qui se fait par un orifice ménagé dans la paroi du four opposée à la porte de chargement et de travail, et auquel aboutit un chenal amenant l'acier dans les lingotières, qui viennent se présenter l'une après l'autre.

Les aciers du Creusot sont de très-bonne qualité et jouissent d'une réputation méritée. On les emploie à faire des bandages de roues, des essieux de locomotives et de wagons, des pièces de machines. La forge, dont nous allons parler, les lamine en tôles se substituant avec avantage aux tôles douces en fer des meilleures marques, en barres plates, rondes, carrées, profilées, et enfin en rails qui sont envoyés dans toutes les parties du monde : en Amérique, en Russie, en Autriche, en Turquie, etc.

De récentes expériences, faites sous la surveillance de M. le commandant d'artillerie Bobillier, ont démontré que l'acier du Creusot, constitue un métal excellent pour fabriquer des canons, et qu'il supporte parfaitement les épreuves exigées sans éprouver la moindre altération.

LA GRANDE FORGE

LA GRANDE FORGE

Production annuelle   150,000 tonnes

Nombre d'ouvriers .   3,250

Nombre de fours à
    puddler   98

Nombre de fours à
    réchauffer   60

15 machines motri-
    ces pour trains de
    laminoirs, ensem-
    ble.............   4,250 chevaux-vap^r

54 machines diverses
    pour ventilateurs,
    pompes alimentai-
    res, cisailles, scies,
    presses à dresser,
    poinçons, etc., en-
    semble ....   500 chevaux-vap^r

18 marteaux-pilons

6 pompes avec machines de 50 chevaux.

LA GRANDE FORGE

Dès 1858, c'est-à-dire deux ans avant
le traité de commerce, le Creusot avait
compris que, pour être économique, la
production du fer à la houille doit avoir
lieu sur une grande échelle, avec des
outils puissants et perfectionnés. A cette
époque, la forge était située en face des
ateliers, à la place occupée maintenant par
les forges à main; elle se composait de
50 fours à puddler, 35 fours à réchauffer,
4 laminoirs pour puddlage et 8 laminoirs
pour rails, fers marchands et tôles. Sa
fabrication annuelle était de 20,000,000
kilog. de rails, 12,000.000 kilog. de fers
marchands et 8,000,000 kilog. de tôles.

La presque totalité de ces produits (les rails exceptés, bien entendu) était absorbée par les travaux des ateliers, et le commerce n'en recevait qu'une faible portion; pour lui faire, comme on le voulait, une part beaucoup plus large, il fallait, de toute nécessité, augmenter le matériel, chose à laquelle l'emplacement se prêtait peu. Le terrain, de plus, par suite des travaux de la mine, n'offrait aucune garantie de solidité. Ces diverses considérations amenèrent à reconstruire la forge entièrement à neuf, en la transportant à un kilomètre environ de son emplacement primitif, sur un terrain libre, qui permit à M. Schneider de dresser son plan comme il l'entendait.

La résolution prise, on poussa les travaux avec vigueur. Dans le courant de 1862, une portion des nouveaux ateliers put commencer à fonctionner, et la forge ne tarda pas à devenir ce qu'elle est aujourd'hui. Couvrant une superficie de 12 hectares, cette vaste construction, qui n'a pas de pareille en France, renferme,

outre une cour centrale de 40 mètres de
largeur, cinq bâtiments principaux et
distincts : 2 halles de puddlage, 1 halle
de laminage à cinq travées (1), longue de
360 mètres et large de 100 ; 1 halle de
finissage des rails et 1 atelier de réparations, qui forment un ensemble magnifique,
où tout a été aménagé avec le plus grand
soin et de manière à éviter toute fausse
manœuvre.

Ces diverses parties sont reliées entre
elles par des voies ferrées qui facilitent
les communications et permettent de transporter promptement les matières d'un
endroit dans un autre. Le sol, entièrement
dallé en fonte, contribue encore à rendre
les mouvements plus rapides, et partout les
manœuvres exigées par les différentes
opérations ont été diminuées, autant que
possible, par l'application de tous les
moyens qui peuvent rendre moins pénible
le travail de l'ouvrier. Au premier coup

---

(1) Il y en a une sixième, plus petite et moins longue,
pour le magasin de fers.

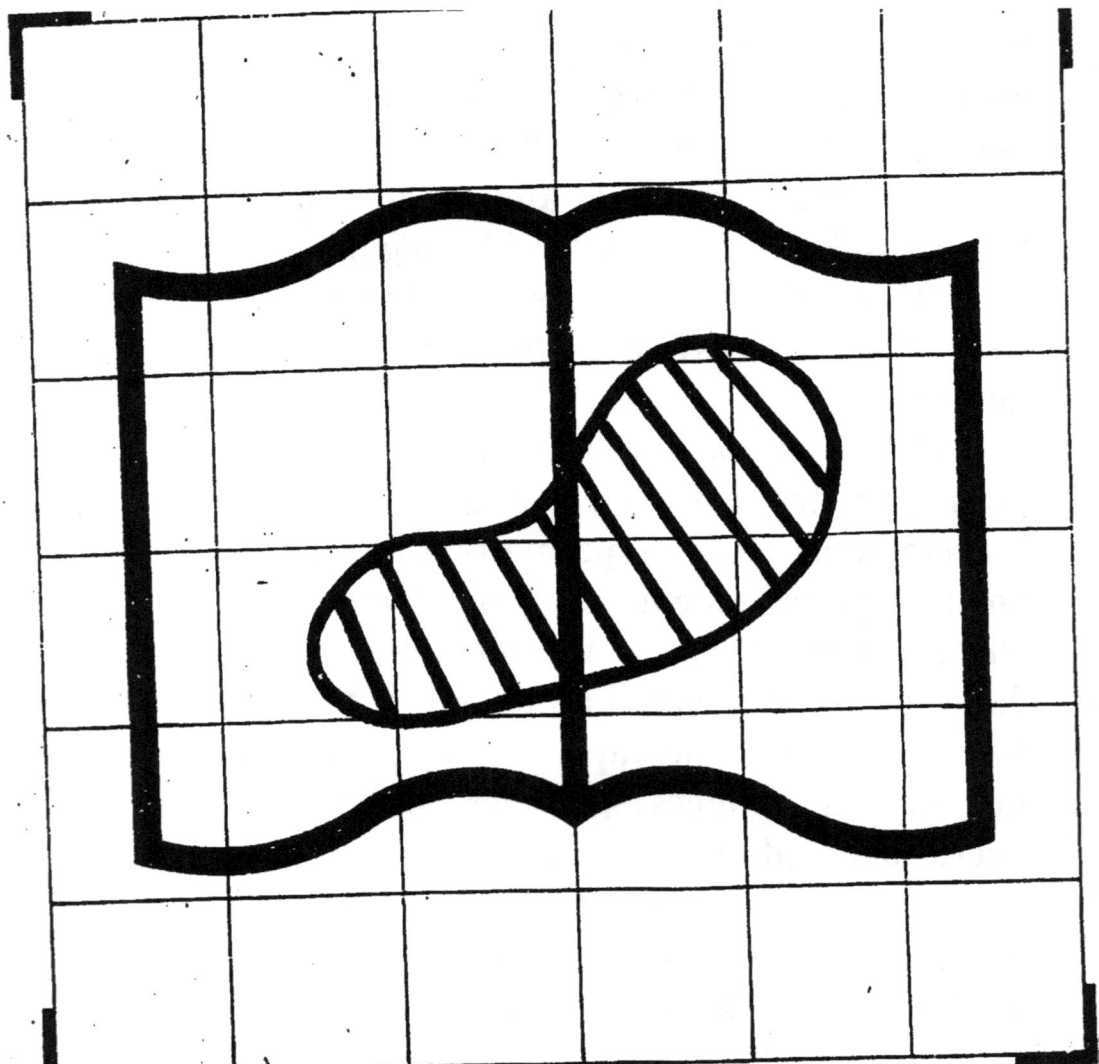

d'œil, on reconnaît que ces travaux ont été faits d'un seul jet et qu'une longue et savante expérience y a présidé.

La toiture, en tuiles de Montchanin, que la fumée a rapidement noircies, repose sur des charpentes entièrement en fer, portées elles-mêmes par de jolies colonnes en fonte. Ces charpentes, où toutes les pièces sont rivées ensemble sans aucune soudure, peuvent être citées comme un modèle réunissant à la fois l'élégance, la légèreté et la solidité, car elles ont été établies pour supporter des charges beaucoup plus lourdes que celles qui résultent simplement du poids des tuiles.

Examinons maintenant le travail de cette partie si importante de l'usine, qu'elle occupe, à elle seule, le tiers environ du nombre total d'ouvriers, et regardons comment se fabrique ce fer que l'on emploie tous les jours à des usages si nombreux et si divers.

Aux hauts-fourneaux, la fonte est cassée par morceaux : celle qui est destinée à l'affinage est chargée sur des wagons

LE CREUSOT

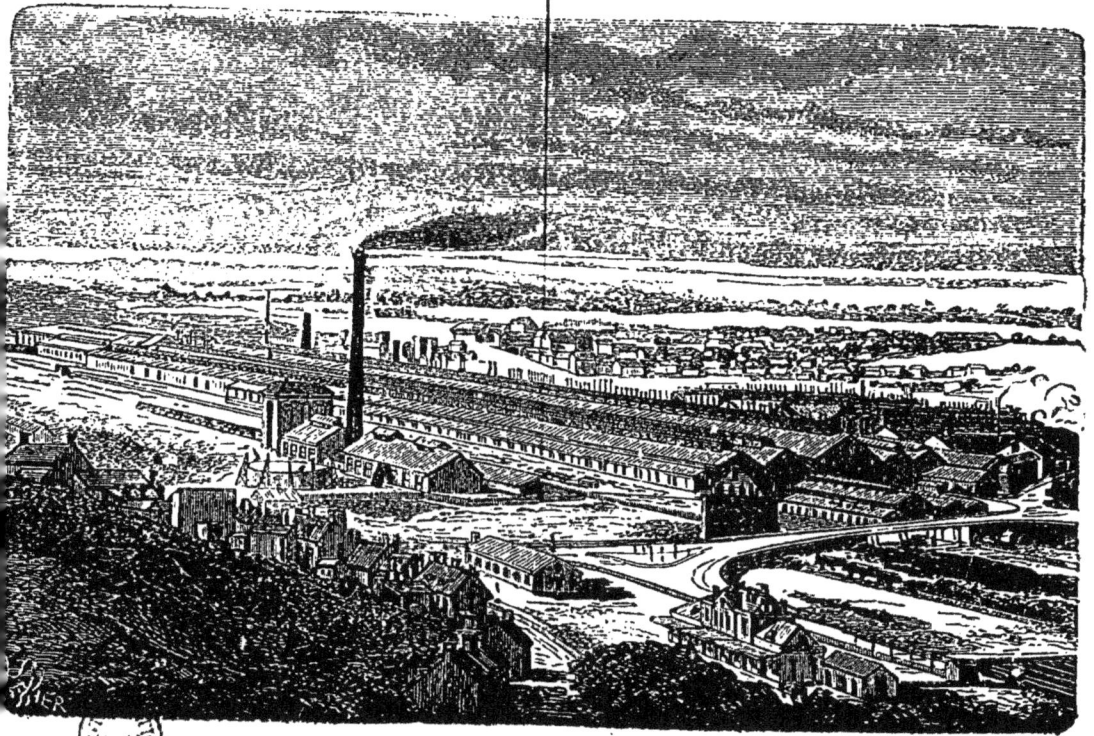

LA GRANDE FORGE
D'après une photographie de Deconclois.

portant l'indication de sa couleur et de
sa qualité, qui l'amènent à la forge, à proximité des bâtiments de puddlage. Là, pour
faire les charges, on la partage par lots
de 200 à 240 kilog., que l'on pèse sur des
bascules avant de les conduire près des
fours où doit s'opérer la conversion de la
fonte en fer. Ces fours, qui se composent
de trois parties principales : la grille où
brûle le combustible donnant la flamme;
la sole, partie plane sur laquelle se travaille
la fonte, et le petit four de réchauffage, ont
reçu le nom de fours à puddler, mot tiré
de l'anglais *puddle*, masser, pétrir.

Devant chacun d'eux nous trouvons trois
ouvriers, que l'énorme chaleur qu'ils endu-
rent oblige à se vêtir seulement d'un
pantalon de toile et d'une blouse très-courte.
Pendant que l'un des aides met du charbon
sur la grille, le maître puddleur introduit
la fonte sur la sole incandescente, et bientôt
le métal, léché par la flamme que la voûte
rabat sur lui, se ramollit, devient pâteux
et entre dans un état voisin de la fusion.
C'est alors que commence la partie pénible

8

de l'opération ; le puddleur étend la fonte,
et, pour en exposer successivement toutes
les parties au courant d'air qui doit lui enlever son carbone, il la brasse vigoureusement au moyen d'un outil appelé *ringard*
ou *râble,* auquel il imprime un mouvement
de va-et-vient. Quand il est couvert de
sueur et fatigué, son second le reprend et
continue le travail ; enfin, après 25 à 30
minutes d'un brassage énergique, le bain
commence à s'épaissir, le ringard glisse
plus difficilement sur la sole, et le fer apparaît. Le puddleur a repris l'outil à cet
instant, et, courbé vers la porte de travail,
il ramasse les grumeaux de fer pour en
confectionner *la loupe* ou *boule,* qu'il saisit
ensuite avec de grandes tenailles pour la
jeter sur un chariot, que le deuxième aide
conduit au marteau-pilon.

Cet instrument est composé d'une masse
pesant plusieurs milliers de kilogrammes,
que la vapeur soulève et abaisse à volonté ;
lorsqu'elle retombe, elle frappe la boule à
grands coups ; le cingleur la retourne de
temps en temps pour que chacune de ses

faces soit atteinte à son tour. Sous ce choc puissant, les scories qui étaient restées dans le fer s'en dégagent et coulent sur l'enclume en formant parfois des jets de paillettes incandescentes. La loupe a acquis ainsi une forme plus régulière ; elle est alors passée plusieurs fois entre les cylindres des laminoirs de puddlage, qui la rejettent, enfin, à l'état de barre plate. Celle-ci est pesée et mise sur un wagon pour être transportée à la halle de laminage ; car le fer que l'on vient d'obtenir présente une surface rugueuse et des bords déchirés qui ne permettent pas de le livrer immédiatement au commerce ; pour qu'il en soit ainsi, on est obligé de le soumettre à une nouvelle opération ayant pour but de lui donner la forme parfaite qu'il ne possède pas encore.

Les halles de puddlage forment deux groupes identiques, composés chacun de trois travées. Leur disposition intérieure est simple et avantageuse ; les fours occupent les côtés et le fond de chaque bâtiment, formant ainsi un fer à cheval à angles droits, au milieu duquel sont installés huit marteaux-

pilons et quatre trains ébaucheurs, actionnés
par deux machines horizontales de la force
de 200 chevaux chacune. A l'extrémité de
chaque four s'élève une tour ronde, en
maçonnerie, renfermant une chaudière
verticale, chauffée par la flamme qui a servi
à transformer la fonte en fer et qui, par
conséquent, contribue encore à produire,
sans nouvelle dépense, l'énorme quantité de
vapeur nécessaire à activer les moteurs.

Quand, après avoir traversé la cour qui
la précède, on arrive à l'entrée de la halle
de laminage, on s'arrête, saisi d'étonnement, à la vue du spectacle vraiment
féerique qui vous apparaît et qui, certes, est
un des plus beaux coups d'œil qu'offre cette
immense usine. A droite, on aperçoit, à
perte de vue, les fours à réverbère où l'on
soude le fer, et d'où s'échappe, par instants,
une clarté éblouissante ; les massifs en briques
qui les terminent, entourent des chaudières
à vapeur qui, comme au puddlage, utilisent
là chaleur perdue et forment une splendide
colonnade dans laquelle l'œil se perd. A
gauche, dans l'axe même de la grande

travée, se déroule une interminable ligne de laminoirs dont les volants et les engrenages tournent avec une rapidité vertigineuse; ces colossales roues en fonte, dont l'une, la plus grande de toutes, a 10 mètres de diamètre et pèse près de 60,000 kilog., ont pour but : celles-ci de transmettre le travail développé par les machines (1), celles-là d'en emmagasiner la force vive et de régulariser le mouvement des cylindres, qui acquièrent, de la sorte, une vitesse toujours égale. A tous moments, l'espace compris entre les fours et les trains est sillonné par des masses blanches de chaleur qui vont s'engouffrer entre les cylindres qui doivent les travailler; de ces derniers jaillit parfois une gerbe d'étincelles brillantes, semblable à un feu d'artifice, c'est la crasse qui, en sortant du fer, produit ce qu'on appelle *un coup de feu*. Et, au

---

(1) Onze grandes machines motrices horizontales, à condensation, dont la force varie de 2 à 400 chevaux, conduisent directement, ou par l'intermédiaire d'engrenages, 12 trains à fers et à rails et 8 trains de tôles.

milieu de tout cela, une véritable fourmi-
lière d'ouvriers qui vont, viennent, se croi-
sent, jouant pour ainsi dire avec ce fer
chauffé jusqu'au blanc, et portant partout
l'animation et le mouvement.

Amené du puddlage, le fer brut est, à
l'aide de fortes cisailles, coupé en morceaux
que l'on met les uns sur les autres pour
former ce qu'en langage du métier on
nomme *des paquets*. Ces paquets sont
ensuite portés dans les fours où l'on doit
les chauffer et où la combustion est acti-
vée par un courant d'air que des ventila-
teurs envoient sous les grilles. Lorsqu'ils
sont arrivés à la chaleur éblouissante du
blanc soudant (1,500 à 2,000 degrés), une
des plus hautes températures que l'on
puisse atteindre dans les foyers métallurgiques, le chauffeur les retire, puis on les
passe entre des cylindres qui les pressent,
les écrasent, les allongent et finissent par
leur faire prendre la forme définitive que le
fer doit recevoir et qui est tracé d'avance
sur les cylindres eux-mêmes.

Et quelle variété dans tous ces profils,

dans toutes ces dimensions: ici, à l'entrée
de la halle de laminage, nous voyons courir
sur le sol, semblables à des serpents de feu
animés d'une vitesse effrayante, des barres
longues et minces de fer rouge; après de
nombreux passages à travers les cylindres,
elles vont s'enrouler sur une bobine, pour,
de là, être envoyées dans les tréfileries,
où on les convertira en fils de fer, en
pointes, en ressorts de sommier, en fils
de télégraphe, etc.

Partout les laminoirs rejettent, en bandes
rouges encore, le métal travaillé et devenu :
là des ronds pour fabriquer des boulons,
des rivets, des lits en fer; plus loin, des
plats qu'on emploiera à ferrer les chevaux,
à cercler les roues de voitures, à la serru-
rerie, etc. ; ou bien il est profilé en corniè-
res, en fers à T destinés à la construction
des charpentes, des wagons, des ponts ou
des navires. Tous ces produits, après avoir
eu les extrémités défectueuses affranchies à
la cisaille ou à la scie, passent sur les
bascules, et, de là, dans les wagons de la
compagnie de Lyon, qui, au moyen d'une

voie ferrée placée en contre-bas du quai
de chargement, viennent les chercher
jusque dans l'intérieur de la forge pour les
emmener dans toutes les parties de la
France.

Pour avoir une idée de ce nouveau
travail, arrêtons-nous un instant et regardons fabriquer un de ces rails sur lesquels
courent si légèrement les locomotives. Le
chauffeur, armé d'une forte tenaille,
saisit et tire hors du four, en le faisant
tomber sur un chariot, un paquet pesant
200 à 250 kilog., et tellement blanc de
chaleur, qu'il est impossible de le regarder
fixement. L'aide le conduit jusqu'au train
composé d'énormes cylindres, de chaque
côté desquels se tiennent des ouvriers qui,
pour se garantir, ont un masque de toile de
laiton devant la figure et un tablier de
cuir devant le corps. Ils saisissent le paquet
avec des tenailles, le passent tour à tour
jusqu'au moment où il est repris par le
chef lamineur, qui doit le finir et l'amener au profil voulu. En cet état, on
laisse tomber la barre sur le sol de l'usine

et on la traîne sur une plaque en fonte à laquelle on la fixe, pendant que deux scies circulaires, faisant 800 à 1,000 tours par minute, coupent de chaque côté l'excédant de longueur en produisant une pluie d'étincelles brillantes qui se dégagent sous les dents des outils. Une fois refroidis, les rails sont chargés sur des wagons et conduits à l'atelier de finissage, où ils sont fraisés, percés, en un mot rendus propres à être mis en place sur les chemins de fer.

_ En continuant à avancer, nous trouvons les tôleries qui étirent le fer en feuilles larges et longues, et dont les cylindres sont, cette fois, unis et non plus cannelés. Un mécanisme ingénieux permet de régler leur écartement et d'obtenir le métal à l'épaisseur voulue. Cet énorme morceau de fer, que l'on sort du four à grand renfort d'hommes et au moyen d'une gigantesque tenaille dont l'extrémité a la forme d'une gueule de crocodile, ira, lorsqu'il sera suffisamment allongé, aux ateliers de construction, qui en feront un longeron ou bâti de locomotive. Ces autres tôles seront

cintrées pour faire une chaudière à vapeur ;
enfin, comme le métal se prête à tout et
prend toutes les formes, on le conver-
tit aussi en feuilles minces, qui seront
livrées au commerce pour recevoir des
emplois tellement nombreux que nous ne
pouvons, ici, en faire l'énumération.

Au sortir du laminoir, les tôles ne sont
pas régulières, leurs bords sont généralement déchirés ; pour y remédier, on les
porte, une à une, sous la cisaille, qui les
régularise, les met aux dimensions deman-
dées et les coupe d'équerre avec une facilité
étonnante.

La production journalière de la forge est
d'environ 550,000 kilog., dans lesquels
entrent 180 à 200,000 kilog. de rails en
acier provenant des lingots coulés à
l'aciérie.

A l'extrémité de la forge, se trouve un
vaste étang contenant environ 300,000
mètres cubes, et placé sur un niveau assez
bas pour recueillir toutes les eaux venant
de la ville et de l'usine. Des galeries souter-
raines y amènent le résultat de la condensa-

tion des machines, de l'épuisement de la mine, etc. Les eaux se refroidissent et se clarifient en parcourant toute la longueur du bassin, où six pompes, réunies dans un seul bâtiment et mues chacune par une belle machine verticale de 50 chevaux à action directe, puisent par jour 48 à 50,000 mètres cubes d'eau, qu'elles refoulent dans trois réservoirs, dont l'un sert pour la forge et les deux autres pour le reste de l'usine.

FERS
CLASSIFICATION DES QUALITÉS

FERS MARCHANDS ET FERS SPÉCIAUX LAMINÉS

Qualité CREUSOT - 2.	prix courant servant de base.		
— CREUSOT - 3.	major. sur prix de base	3 fr. p. 0/0 k.	
— CREUSOT - 4.	—	—	5	—
— CREUSOT - 5.	—	—	9	—
— CREUSOT - 6.	—	—	14	—
— CREUSOT - 7.	—	—	20	—

FERS MARCHANDS ET FERS SPÉCIAUX CORROYÉS

Qualité CREUSOT - 2 C.	major. sur prix de base	3 fr. p. 0/0 k.	
— CREUSOT - ∩	—	—	3	—
— CREUSOT - 4 C.	—	—	9	—
— CREUSOT - 6 C.	—	—	18	—

TOLES

Qualité CREUSOT - 2.	prix courant servant de base.		
— CREUSOT - 3.	major. sur prix de base	3 fr. p. 0/0 k.	
— CREUSOT - 4.	—	—	7	—
— CREUSOT - 5.	—	—	13	—
— CREUSOT - 6.	—	—	21	—
— CREUSOT - 7.	—	—	31	—

LES ATELIERS
DE CONSTRUCTIONS
LE CHANTIER DE CHALON

LES ATELIERS
DE CONSTRUCTIONS
LE CHANTIER DE CHALON

Nombre d'ouvriers y compris le chantier de
Chalon....... 2,500

32 machines à va-
peur d'une force
totale de...... 700 chevaux-vap^r

28 marteaux-pi-
lons.

650 machines-
outils.

Nombre de loco-
motives par an 100

Machines, ponts,
etc. valeur par
an........... 8,500,000 francs.

LES ATELIERS DE CONSTRUCTIONS
D'après une photographie de Deconclois.

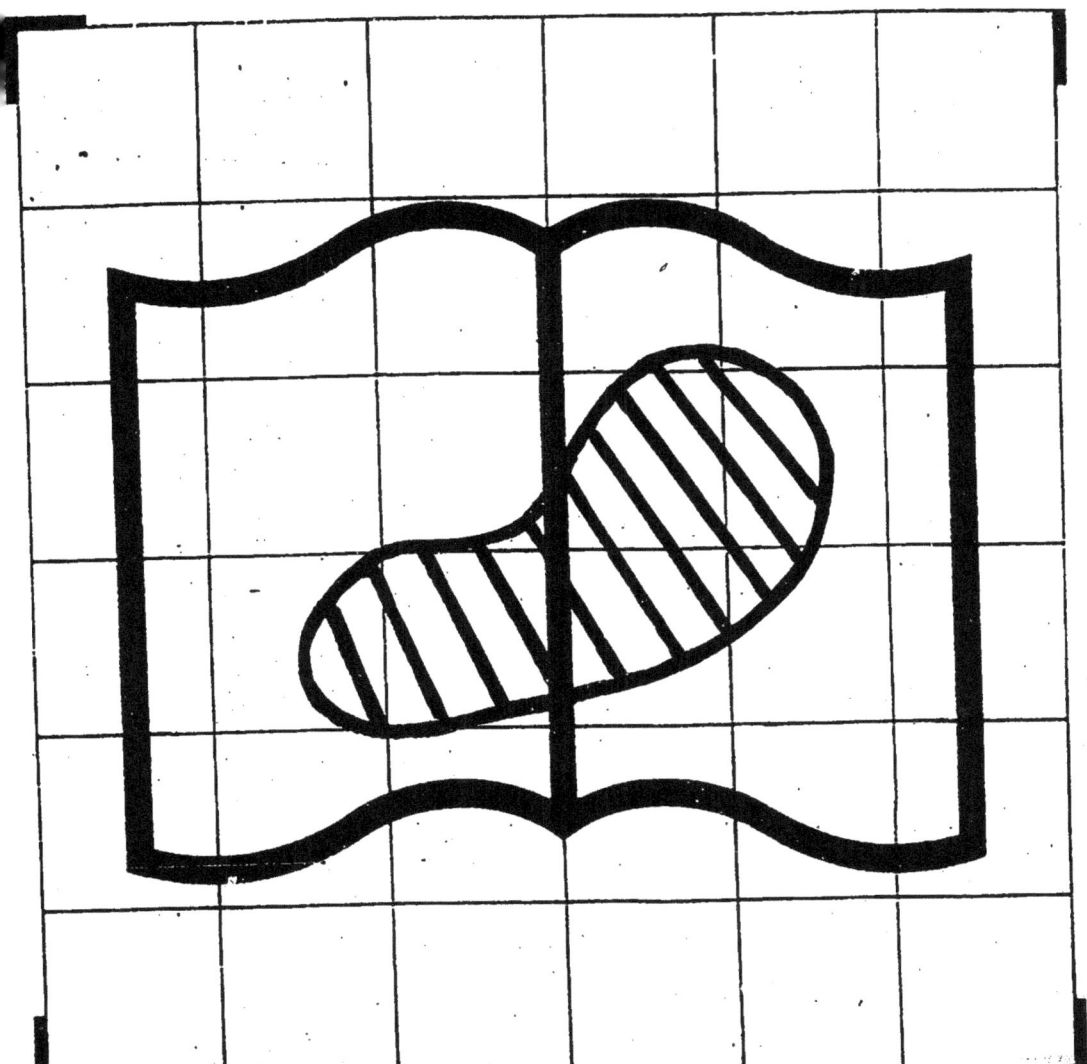

LES ATELIERS
DE CONSTRUCTIONS
LE CHANTIER DE CHALON

Nous en sommes arrivé à parler des ateliers de constructions mécaniques; par leur outillage et l'importance des machines qu'ils ont livrées, ils sont sans égaux en France et s'ils ont tant contribué à porter au loin la réputation du Creusot, c'est qu'on s'est toujours appliqué à n'en laisser sortir que des produits d'un fini parfait.

Placés entre les hauts-fourneaux et la montagne, ils occupent un espace de 450 mètres de longueur sur 150 de largeur moyenne, et comprennent une fonderie de deuxième fusion, des forges à mains, une chaudronnerie, des ateliers d'ajustage, de tournerie et de montage.

9

Que de sujets d'étonnement et d'admiration pour le visiteur qui les parcourt la première fois; sans cesse son attention est appelée d'un sujet à un autre, et il ne peut se lasser de regarder ces travaux surprenants qu'on revoit toujours avec intérêt et avec plaisir, même quand on les a déjà vus plusieurs fois.

A gauche, dans la cour, masquant presque les bâtiments, des quantités de pièces de toutes espèces, entassées les unes sur les autres, attendent que deux énormes grues roulantes les transportent devant les ateliers, où elles doivent êtres travaillées, et que nous allons passer successivement en revue.

La fonderie. — La fonderie du Creusot, qui occupe environ 300 ouvriers, a une grande importance; elle n'offre pas cet aspect noir et sinistre que présentent d'habitude les établissements de cette nature. Elle est divisée en deux parties (1) : l'une, la grande fonderie, est réservée

(1) Une troisième partie, fabriquant surtout les pièces de locomotives, vient de reprendre son travail, qui avait été suspendu pendant ces dernières années.

spécialement aux pièces de grandes
dimensions et renferme 11 grues, 4 grandes
étuves à sécher les moules, 4 cubilots et
1 four à réverbère; la deuxième partie est
plus récente, elle contient, outre trois jolies
grues mises en mouvement par la vapeur,
3 cubilots et 2 étuves. Ce bel outillage
permet de couler, sans la moindre difficulté,
des pièces de 60 à 100,000 kilog.

Le cubilot, avons-nous dit, a été
inventé par l'anglais Wilkinson; c'est un
four cylindrique où l'on refond la fonte
produite par les hauts-fourneaux, spécialement en vue du moulage. La fonte et le
coke, en quantités fixées d'avance, y sont
introduits par la partie supérieure, et on
a toujours soin de verser le combustible le
premier. Pour activer la combustion et
produire l'énorme chaleur nécessaire à la
fusion du métal, on lance par des tuyères,
qui débouchent à une certaine hauteur,
un courant d'air produit par des ventila-
teurs.

Toutes les pièces qui doivent êtres faites
en fonte et, par conséquent, coulées dans

des moules creux, sont d'abord exécutées
très-soigneusement en bois dans un atelier
spécial : *le modelage.* Cependant, pour certaines parties de machines qui doivent être
souvent reproduites, et qui ont besoin d'une
grande netteté, on ne se contente pas d'un
modèle en bois; au moyen de celui-ci, on
en coule un en fonte ou en bronze que l'on
finit ensuite en l'ajustant.

Les moules des pièces de grandes
dimensions s'exécutent dans le sol même
de la fonderie; ceux des petites se font dans
des cadres en fonte nommés châssis, qui
s'emboîtent les uns sur les autres, de
manière à pouvoir être facilement démontés.
Lorsque le sable, préparé pour cet usage,
a exactement pris tous les contours du
modèle, on sépare les châssis aux différents
joints, et on retire celui-ci avec précaution,
de façon à ne rien endommager; on porte
ensuite à l'étuve, pour les sécher, les
diverses parties du moule, qu'on remonte au
moment de la coulée.

Un système importé d'Angleterre consiste
dans la fabrication de moules en terre,

soutenus par une véritable maçonnerie en briques, prise dans des armatures en fonte et en fer, et qu'on fait sécher après les avoir sculptés à l'ébauchoir. Quand un de ces moules est terminé, on le descend dans une fosse et on l'assujettit en l'entourant de sable, que l'on comprime.

C'est toujours un spectacle à la fois curieux et émouvant, que celui que présente la coulée d'une pièce de fort poids. Des poches en tôle, garnies de terre réfractaire, reçoivent le métal fondu à mesure qu'il sort des cubilots; puis, enlevées par de fortes grues, vont le verser dans un réservoir muni également d'une chemise en briques réfractaires et établi solidement à côté du moule. Lorsque la quantité accumulée est reconnue suffisante, les hommes prennent leurs postes, armés de tringles de fer; les trous d'évent sont garnis de copeaux pour hâter l'inflammation des gaz, oxyde de carbone et autres, qui vont se dégager. On amène la poche supplémentaire; c'est elle qui doit fournir le surplus du métal dans le cas où, la mesure étant mal prise, on viendrait à en manquer;

mais presque toujours elle est inutile, et on
la renvoie alors au moyen des grues dans
une autre partie de l'atelier, où elle sert
à remplir d'autres moules. Quand tout est prêt,
à un signal donné, on lève la vanne du
réservoir, et un véritable torrent de fonte
liquide et éblouissante se précipite, pour le
remplir, dans les rigoles du moule. Les flots
bouillonnants disparaissent dans toutes les
ouvertures ménagées pour les recevoir.
Malgré la chaleur ardente et la fumée
épaisse chassée du sol, les hommes allu-
ment les gaz, et, pour assurer la réussite
de l'opération, plongent leurs tringles dans
la fonte, par des trous préparés dans ce but,
et pratiquent cette partie du travail qu'on
appelle le *pompage*.

La coulée faite, on laisse refroidir lentement la pièce, et, au bout de quelques jours,
on la découvre en démolissant le sable qui
l'entoure ; on la soulève avec les grues et
on la sort de la fonderie. Avant de la transporter ailleurs, on achève d'enlever toute la
terre qui peut encore y être adhérente, et
on burine les bords, qui offrent toujours de
petites bavures.

Les forges à mains. — Nous venons de voir comment on obtient les pièces en fonte, si nombreuses et si variées, qui entrent dans la construction de nos machines modernes ; quant à leurs parties en fer, elles ont presque toujours des formes compliquées et savantes qu'elles ne peuvent recevoir que par le forgeage. Celui-ci s'effectue aux forges à mains, installées dans un bâtiment qui contient 27 marteaux-pilons de différents poids et construits sur plusieurs types.

Il règne, dans ce bel atelier, une activité extraordinaire ; l'oreille est sans cesse frappée du bruit du marteau qui, soulevé par la vapeur, retombe pour marteler le fer, suivant les besoins, tantôt doucement, tantôt à coups redoublés. Et, que d'habileté de la part de l'ouvrier ! avec quelle adresse il tourne et retourne sa pièce sur l'enclume pour l'allonger, l'élargir, la courber, en un mot l'amener à la forme voulue ! Les boulons et les écrous sont forgés, à l'aide de foyers découverts, par des jeunes gens, des apprentis qui s'exercent au métier de for-

geron; au fur et à mesure qu'ils prendront
de l'expérience, on leur confiera des travaux
plus difficiles.

Sous l'un des marteaux-pilons de six tonnes, placés de chaque côté de l'entrée princi-
pale, on prépare les bandages de roues, qui
seront ensuite laminés. Le bloc d'acier, dans
lequel on a percé d'abord un trou au milieu,
est chauffé jusqu'au rouge et apporté sur un
bouton venu de fonte sur le côté de l'enclume; après chaque coup de pilon, l'ouvrier
lui imprime un petit mouvement de rotation
pour présenter la face suivante, jusqu'à ce
que le diamètre que l'on veut obtenir soit
atteint.

Mais ce qui captive davantage encore
l'attention, c'est le travail de la roue elle-
même. Le marteau-pilon, ici, a reçu des
dispositions spéciales; ses jambages ont un
écartement inusité, mais nécessaire; à la
tige, aux proportions colossales, s'adapte le
marteau en fonte portant la moitié de l'em-
preinte de la roue, tandis que l'enclume porte
l'autre moitié. La roue, préparée suivant
la forme et la dimension qu'elle doit

avoir, est introduite dans un four disposé pour cet usage. Quand elle est arrivée à la chaleur blanche, on la saisit au moyen d'une tenaille d'une forme particulière, montée sur deux roues et manœuvrée par une dizaine d'hommes; à la sortie du four, on la laisse tomber dans la matrice inférieure, où elle est aussitôt battue à toute volée par la matrice supérieure. Un instant après, le forgeron lance, à plusieurs reprises, un jet d'eau sur le métal incandescent, et, à chaque fois, le marteau, en retombant, produit une forte explosion qui chasse la crasse contenue dans le fer. On relève ensuite la roue, on la retourne et on la reporte au four pour faire subir la même opération à son autre face, car elle doit être encore réchauffée et martelée plusieurs fois avant d'être finie.

Les grosses forges. — Dans un bâtiment attenant autrefois à la forge à laminoirs, et situé à côté de celui dont nous venons de parler, se trouvent les grosses forges, où l'on travaille les pièces de fort poids, telles que les arbres de couche gigan-

tesques destinés aux machines de marine.
Le paquet a des dimensions si considérables
qu'on n'en peut chauffer qu'une partie à la
fois; quand celle-ci est au blanc, on la retire, et, avec le secours d'une grue à vapeur,
on la porte sur l'enclume d'un pilon dont le
marteau pèse 15,000 kilog. Une vingtaine
d'hommes, appuyant sur une barre solidement fixée à l'extrémité de la pièce qui n'a
pas été chauffée, dirigent cette dernière sous
l'outil, qui, par la puissance de son choc, force
le fer, devenu docile et souple, à prendre la
forme que l'on désire obtenir. De temps en
temps, le chef forgeron saisit un grand
compas et regarde si l'on est arrivé à la
dimension voulue. Mais le métal s'est re-
froidi, il faut le reporter dans le four pour
lui donner une nouvelle chaude; et combien
devra-t-il encore en recevoir pendant les
quinze jours ou trois semaines qui s'écoule-
ront avant que le travail soit complètement
achevé!

La tournerie et l'ajustage. — A de
très-rares exceptions près, les pièces en
fonte et en fer ne sont jamais employées

telles qu'elles sortent de la fonderie et des forges ; avant de prendre leurs places dans les machines, elles doivent encore être ouvrées, et, cette fois, d'une manière plus délicate et plus précise, dans les ateliers de tournerie et d'ajustage. Ceux-ci sont divisés en deux parties distinctes qui ont chacune leur spécialité : l'une s'occupe des locomotives, tandis que l'autre a, pour sa part, toutes les machines diverses qui doivent être livrées à l'industrie ou à la marine. Il n'y a cependant rien de tout à fait exclusif dans cette séparation ; les deux divisions s'empruntent réciproquement leurs moyens d'action, dans le cas où les pièces qu'elles ont à exécuter peuvent se travailler plus facilement et à moins de frais dans l'atelier voisin.

En entrant dans tous ces ateliers, on est frappé de la manière intelligente dont le travail a été divisé et de la disposition méthodique dans laquelle se succèdent les appareils. Le nouvel ajustage du chemin de fer, reconstruit à neuf, il y a une douzaine d'années, peut être regardé comme

un modèle dans son genre, tant pour l'ordre
parfait qui y règne que pour la beauté des
outils qu'il renferme. Ceux-ci sont placés
sur des lignes parallèles : ici on alèse les
cylindres à vapeur, plus loin on tourne à la
fois deux des roues d'une locomotive montées sur leur essieu, de la sorte, on sera sûr
qu'elles ont le même diamètre; sur cette
machine, on découpe les longerons, tandis
que, sur cette autre, on polit les bielles. En
un mot, c'est tout un monde de tours,
d'alésoirs, de machines à mortaiser, à percer,
tarauder et fileter, et partout on voit de
nombreuses courroies courir sur les poulies
pour animer tous ces outils. De chaque côté
de l'atelier, un espace a été ménagé pour
le montage : à droite ce sont les tenders, à
gauche les locomotives; en sortant de là,
celles-ci et ceux-là passent dans une dernière salle, pour recevoir plusieurs couches
de peinture.

Dans la section réservée aux grosses
machines, nous citerons les machines à
raboter, et, entre autres, une qui a été faite
au Creusot et qui est si grande qu'elle oc-

cupe un bâtiment à elle seule; des tours
monstrueux de dix mètres de longueur, sur
lesquels on tourne les énormes arbres de
couche; des bancs d'alésage, qui peuvent
porter les cylindres à vapeur de deux
mètres et plus de diamètre, pesant jusqu'à
25 tonnes, destinés aux moteurs de marine.
Toutes les pièces terminées sont portées
dans un atelier spécial appelé *montage*, et,
avant d'être expédiées à leur destination, les
machines y sont montées telles qu'elles
doivent être à leur emplacement définitif.

La chaudronnerie. — Les travaux
de la chaudronnerie, bien que très-bruyants,
n'en sont pas moins curieux, et c'est avec
plaisir que l'on regarde comment ces
feuilles de métal se cintrent, se courbent,
se plient et s'emboutissent, pour devenir
tantôt des chaudières cylindriques fixes,
tantôt de puissants générateurs tubulaires,
ou encore des appareils de locomotives,
traversés intérieurement par des tubes en
cuivre ou en fer. Avant d'être mises en
œuvre, les tôles sont soigneusement exami-
nées; on s'assure qu'elles ne présentent aucun

défaut, *ni paille, ni soufflure* qui puisse occasionner plus tard, non pas seulement leur rupture, mais même une simple fuite. Quand elles ont acquis par le travail la forme exigée, et qui varie suivant l'endroit où elles seront placées, on les assemble par des rivets.

Le rivetage, lorsqu'il se fait à la manière ordinaire, produit un bruit assourdissant, pénible même à l'oreille quand on n'y est pas accoutumé. Heureusement, la machine à river mise en jeu par la vapeur, tend de plus en plus à devenir le seul outil employé pour cette opération. Contrairement à ce qui se passe dans le premier cas, le rivet se place ici extérieurement, la tête en dehors, et, en deux coups de piston vigoureusement appliqués, on écrase la partie intérieure contre un buttoir placé à cet effet dans l'intérieur du corps de chaudière.

Parmi les appareils méritant de fixer l'attention dans la chaudronnerie, nous mentionnerons, outre les découpeuses et les poinçonneuses, une belle machine à cintrer ; les machines à fabriquer les rivets ; une machine à percer, qui peut recevoir jusqu'à 35 forets permettant de percer 35 trous à la fois et à la distance que l'on veut.

Le chantier de Chalon. — Quoique le chantier de Chalon, qu'on appelle *le petit Creusot,* soit une annexe, on ne peut guère le passer sous silence en parlant de la chaudronnerie, dont il est, en quelque sorte, le complément. Etablis sur la rive gauche de la Saône, ces ateliers ont pour spécialité les constructions où l'on emploie la tôle et le fer étiré. Ils avaient été créés pour fabriquer les coques de bateaux à vapeur, et c'est de là, en effet, qu'est sortie la flottille des bateaux-porteurs de la Saône et du Rhône ; mais lorsque les railways, par leur extension, eurent changé complétement les conditions des transports, ils durent transformer leur fabrication, et, ne recevant plus guère de commandes de la navigation fluviale, ils se mirent à faire des tenders et ces ponts si élégants et si solides que leur demandent les routes et les chemins de fer, devenus leurs meilleurs clients.

L'occupation du chantier consiste donc presque exclusivement à faire des boulons, des rivets, à découper des tôles et des fers façonnés auxquels on donne la forme voulue, pour, ensuite, les réunir et en composer un de ces travaux qui font notre admiration.

Pour citer toutes les machines qui sont sorties de ces ateliers si vastes et si complets, il faudrait procéder à un inventaire vraiment interminable; on peut dire que toutes les parties de la construction ont été abordées par le Creusot et que, dans toutes, il a produit de véritables chefs-d'œuvre.

Sa série de locomotives en est au chiffre 1,740; elle comprend une énorme variété de formes et de dimensions, depuis les petites locomotives de mine jusqu'à ces colossales machines Engerth à 8 roues couplées, ces locomotives à réchauffeur de la Compagnie du Nord et ces puissantes machines à marchandises de la Compagnie du Midi. C'est du Creusot que sont sortis les marteaux-pilons de Guérigny et tant d'autres répandus dans les forges françaises. Comme machines fixes, il peut revendiquer, outre sa puissante machine d'épuisement de la mine, ses belles souffleries et les machines de la forge, les machines d'extraction des mines de Blanzy et de quelques puits du bassin de Saint-Etienne ; les pompes des eaux de Nîmes et de Lyon ; celles des nouveaux bassins d'épuisement de Brest ; les souffleries de Denain et de Commentry ; plusieurs machines motrices pour laminoirs, etc., etc.

La marine, de son côté, lui est relevable de nombreux appareils, parmi lesquels nous mentionnerons la machine de l'*Hermione*, les batteries blindées : *la Lave*, *la Tonnante*, etc.; la machine de 950 chevaux nominaux du navire cuirassé *Océan*, composée de trois cylindres de 2m10 de diamètre et 1m30 de course. La vapeur agit à pleine pression dans le cylindre du milieu et se détend dans les deux autres (Système Woolf); la force réelle développée sur les pistons est de 3,800 chevaux de 75 kilogrammètres;

La machine de 530 chevaux nominaux du garde-côtes bélier cuirassé *le Cerbère*;

L'appareil de 850 chevaux nóminaux du paquebot *le Saint-Laurent,* de la Compagnie Transatlantique (machine que l'on transforme en ce moment même, décembre 1874); chacun des deux cylindres a 2m20 de diamètre et 1m30 de course; la force développée aux essais sur les pistons a été de 3,200 chevaux de 75 kilogrammètres;

La machine à roues, à haute et basse presssion de 350 chevaux, de l'aviso *le Pétrel* de la marine militaire française;

On vient de commencer pour *le Redoutable* une gigantesque machine à 6 cylindres qui donnera 6,000 chevaux-vapeur de 75 kilogrammètres.

Que d'exemples à citer aussi dans la section des ponts! Contentons-nous des suivants:

Pont de Fribourg sur le chemin de fer de Lausanne
à Fribourg (1859).

Viaduc de 334 mètres de longueur.
Hauteur du rail au-dessus du fond solide de
    la vallée : 80 mètres.
Poids des parties métalliques : 3,000,000 kil.

Pont tournant de Brest à 2 volées (1860).

Ecartement des axes de rotation : 117ᵐ05.
Poids des parties métalliques : 1,170,000 kil.

Pont de Romans sur l'Ardèche.

Longueur : 119ᵐ660.
Poids du métal : 485,000 kil.

Pont d'Orival à 6 travées.

Longueur : 281 mètres.
Poids du métal : 1,348,000 kil.

Pont sur El-Cinca (Espagne).

Il est en arc surbaissé ; la distance entre les
culées est de 70 mètres, et la hauteur
au-dessus de la vallée de 35 mètres.
Poids des parties métalliques : 247,000 kil.

Pont sur la Chiffa (Algérie).

Poids des parties métalliques : 419,000 kil.

*Pont sur le Danube, à Stadlau (près Vienne),
construit pour la compagnie I. R. P. des chemins
de fer de l'Etat.*

Distance entre les culées : 384ᵐ45.
Nombre des piles : 4.
Distance d'axe en axe des piles : 80 mètres.
Poids des parties métalliques : 2,140,000 kil.

*Pont sur le Danube, à Vienne, construit pour
. l'administration des ponts et chaussées.*

Distance entre les culées : 331 mètres.

Nombre des piles : 3.

Distance d'axe en axe des piles : 83^{m}75.

Poids total des parties métalliques :
2,400,000 kil.

LE CHEMIN ·DE FER

LE CHEMIN DE FER

Longueur des chemins
de fer, grandes voies   57 kilom.

Nombre de locomotives   16

   —   de wagons ... 950

SERVICES DIVERS

Nombre d'ouvriers y
.compris ceux du che-
min de fer........   900

7 machines à vapeur
ensemble .... 125 chevaux-vapeur.

BRIQUETERIE DE PERREUIL

LE CHEMIN DE FER

Chemin de fer. — Le travail d'un
établissement aussi vaste que le Creusot
donne lieu à un transport de matières
tellement considérable, qu'il serait impossible de l'effectuer avec économie et une
rapidité suffisante autrement que par
chemin de fer. Depuis longtemps, on avait
établi, pour faciliter les communications
entre les divers ateliers, des voies ferrées
sur lesquelles roulaient de petits wagons
traînés par des chevaux ; aujourd'hui,
les rails à large voie, partant d'un
point central, la gare privée, située à
côté de la nouvelle forge, courent tout
autour de l'usine, dont ils relient entre

elles lès différentes parties, en l'enve-
loppant d'un réseau de 57 kilomètres de
longueur. Il se prolonge jusqu'au port de
Montchanin, où l'on a pris d'ingénieuses
dispositions pour l'exécution économique
des transbordements des matériaux que
l'on reçoit ou que l'on expédie par eau.

16 locomotives, 8 grosses et 8 petites,
950 wagons de toutes grandeurs et de toutes
formes, sans compter ceux que la compagnie de Lyon envoie pour chercher les produits, sont employés à ce service important
qui doit conduire le minerai et le charbon
aux hauts-fourneaux; la fonte, l'acier et
la houille à la forge. C'est un mouvement
continuel sur toutes les voies de fer :
tantôt c'est un train qui mène, à la gare de
Lyon ou au canal du Centre, les fers finis
et les machines pour en ramener de nombreux approvisionnements; tantôt c'en est
un autre qui enlève les laitiers des hauts-
fourneaux, les cendres et scories de la forge
pour les transporter sur les lieux où on les
emploie comme remblais. A certains moments, le sifflet de la locomotive annonce

le retour d'un train qui vient de chercher du minerai à Mazenay, ou du charbon au Montceau et à Montchanin.

La gare renferme un dépôt de machines et un atelier de réparations pour les wagons. De nombreuses voies de garage, placées entre l'usine et la station de Lyon, forment ce qu'on appelle *la gare mixte*.

Services divers. — On a réuni dans un même service qui, de la nature même de ses travaux, a pris le nom de *services divers*, une véritable armée de maçons, terrassiers, serruriers, charpentiers, charrons, menuisiers, plâtriers et peintres, qui, outre les travaux qu'ils exécutent dans leurs ateliers particuliers, se portent sur tous les points de l'établissement où leur présence devient nécessaire, soit pour des constructions, soit pour des réparations. Ces ateliers occupent 900 ouvriers, y compris ceux du chemin de fer, et renferment 7 machines à vapeur d'une force totale de 125 chevaux-vapeur.

Briqueterie de Perreuil. — Pour termnier cette deuxième partie, quittons

un instant le Creusot et rendons-nous à
Perreuil, qui, placé à côté du chemin de
fer et du canal, communique facilement
d'une part avec l'usine-mère, à laquelle il
envoie ses produits, et de l'autre avec les
localités qui lui fournissent ses terres et
ses cailloux.

C'est une question importante en métallurgie que la bonne qualité des matériaux
réfractaires; il n'y a donc pas lieu de s'étonner que le Creusot, qui, à lui seul, est un
consommateur bien suffisant pour entrete-
nir un établissement comme Perreuil, se
soit décidé à les fabriquer lui-même au lieu
de les acheter; car, de la sorte, il est arrivé
à obtenir des produits d'une durée bien supérieure à celle que donnent ceux du commerce.

En arrivant à la briqueterie, les cailloux
qui donnent les quartz, sont d'abord lavés,
puis calcinés dans des fours et broyés; les
terres sont aussi réduites en poudre et
mélangées avec les poussières d'anciennes
briques. Suivant les proportions variées de
ces différents éléments, on obtient des pro-

duits de qualités diverses classées par numéros, qui sont poinçonnés sur toutes les briques pendant leur séjour sur les rayons du séchoir. Quand elles sont suffisamment séchées à l'air libre, on les porte dans deux grands fours coniques qui les cuisent en 48 heures environ.

La production annuelle se chiffre ainsi :

Qualité ordinaire. . . . 1,500,000 briques
   —   supérieure. . . 1,000,000   —
   —   extra. 1,000,000   —

LA VILLE

LA VILLE ....

I

Agrandir sans cesse l'usine du Creusot, tout en la perfectionnant, ce n'était là que la moitié de la tâche qui incombait à M. Schneider, lorsqu'il avait voulu en faire le premier établissement métallurgique France. Il ne suffisait pas, en effet, d'augmenter toujours le nombre des laminoirs, des marteaux-pilons et des machines-outils ; il fallait aussi, pour faire fonctionner tous ces appareils, se procurer un personnel considérable qu'on devait chercher en grande partie au dehors, car l'ancien bourg du Creusot, même aidé des villages peu nombreux et peu peuplés des environs, était impuissant à le fournir. Mais toutes ces

11

familles qu'on attirait des régions voisines :
la Bourgogne, la Franche-Comté, le Morvan,
dans un pays dénué de ressources, il fallait,
afin de les fixer là où on voulait qu'elles
restassent, les loger, les nourrir, pourvoir en
un mot à tous les besoins matériels et
moraux que, dans les agglomérations urbai-
nes, la communauté prend à sa charge. Et
ce n'était pas tout; car, cela fait, se dressait
la redoutable responsabilité qu'on prenait
moralement, mais jusqu'à un certain point
cependant, de fournir en tous temps, malgré
les crises commerciales et politiques, du
travail à tous ces bras qui, pour donner du
pain à toutes ces bouches, n'auraient su
où s'employer ailleurs.

Certes, cette deuxième partie de la tâche
n'était peut-être pas la plus facile à remplir, et, malgré cela, M. Schneider, secondé
un peu, nous devons le dire, par une population laborieuse, intelligente et économe, a
su pourvoir seul à tout; il n'a rien demandé
à personne, il n'a eu recours à aucune sub-
vention administrative. Le rôle de l'Etat et
du département s'est borné à l'exécution ou

à l'achèvement des voies de communication nécessaires pour desservir les besoins nouveaux.

En 1837, le Creusot n'était qu'un village de 3,000 âmes, aux rues boueuses, aux abords de maisons complètement négligés ; aujourd'hui, c'est une ville plus peuplée que beaucoup de nos chefs-lieux de départements et aussi richement dotée, sous tous les rapports, que peut l'être un centre exclusivement industriel. Il renferme 23,000 habitants qui fournissent la presque totalité des 9,800 ouvriers occupés journellement dans les divers services de l'usine.

L'aspect général de la ville est sévère ; les fumées, que lui envoient en si grande abondance la forge et les ateliers, ont donné à ses édifices une teinte sombre et caractéristique. La partie centrale, celle qui forme le Creusot proprement dit, est bâtie sur le sommet et le versant de la colline Sud qui domine l'établissement, et quatre quartiers, nous dirions presque quatre faubourgs : les Riaux, la route de Couches, la Mollette et la Ville-dieu, viennent s'y ajouter pour compléter l'ensemble. Que les temps sont loin où n'ayant, pour ainsi dire, que des cahutes, le Creusot était constitué par le quartier des Riaux, situé au fond de la vallée, dans le prolongement des ateliers, et la rue Chaptal, aujourd'hui presque entièrement abandonnée !

Au début, les chefs de l'usine ont dû, naturellement, prendre l'initiative de la construction des habitations qu'ils louaient à des prix modérés ; mais, peu à peu, ils ont ralenti leur action et laissé agir, en les aidant, toutefois, autant que possible, ceux de leurs employés et de leurs ouvriers qui voulaient adopter ce mode de placement de leurs épargnes ou se procurer le plaisir d'être *chez eux*.

En 1851, le nombre des maisons n'était encore que de 390, y compris deux grandes casernes ouvrières, dont la dernière achève en ce moment de disparaître pour laisser la place à l'aciérie, qui va s'agrandir de ce côté. La première, située sur un emplacement qui fait maintenant partie de la nouvelle forge, a été démolie il y a une dizaine

d'années. C'est pour la remplacer qu'on a
construit la cité ouvrière de la Villedieu,
non plus sur le principe du casernement
dont on avait reconnu les inconvénients,
mais, sur celui' de l'entier isolement des
ménages. Chaque maison, bâtie en briques
et pierres, se compose d'une chambre et
d'un cabinet carrelés avec mansarde-grenier
sous le toit ; la chambre d'entrée, la plus vaste
des deux, est munie d'une cheminée servant
à la fois pour le chauffage et la cuisine. Au
dehors est la cave pour le vin et les provi-
sions, et, par derrière, le jardin.

Les habitations sont disposées sur cinq
alignements, avec rues longitudinales et
transversales.

Chaque maison coûte, avec le jardin,
1,800 francs, et l'ouvrier qui l'occupe, paie,
comme loyer, l'intérêt à 5 pour 100 de ce
capital, soit 90 francs par an, avec la facilité,
s'il a l'instinct de la propriété, d'acheter le
logis et ses dépendances. A côté de la cité
est le grand étang de la forge, où la Direction permet aux amateurs de pêcher à la
ligne, mais non de jeter des filets.

Actuellement, le nombre des maisons dépasse 1,900; elles sont toutes, en général, bien éclairées, bien aérées, enfin bien construites ; quelques-unes même, dans les plus nouvelles, le sont presque avec luxe. Elles bordent des rues pour la plupart alignées, spacieuses, garnies de trottoirs et offrant un développement de plus de 18,000 mètres. Des boulevards d'une longueur de 4,300 mètres, des promenades et des squares, plantés d'arbres, couvrent une surface de 10 hectares.

A mesure que les logements croissaient en nombre, ils s'amélioraient aussi sous le rapport de la salubrité et du confortable; il est peu de ménages maintenant, tant petits soient-ils, qui n'aient au moins deux pièces. En moyenne, la surface occupée par individu peut être estimée à 11 mètres carrés, avec un volume d'air de 32 mètres cubes.

A parcourir les rues, on comprend tout de suite qu'on est dans un centre de travail, et non dans une ville de plaisir. Aux jours ouvrables, on ne peut avoir qu'une faible idée du nombre d'habitants que contient le

Creusot, car on le trouve silencieux et
presque désert. Dès le matin, les hommes
ont quitté leurs foyers pour se rendre aux
ateliers, où ils demeurent enfermés jusqu'au
soir, et il n'est resté dans les maisons
que les vieillards, les femmes et les enfants;
encore ces derniers ne tardent-ils pas à se
rendre à l'école. Deux fois par jour, cependant, un grand mouvement a lieu ; à onze
heures du matin et à six heures du soir, la
cloche sonne, c'est l'heure de la *soupe ;*
les ouvriers sortent à flots pressés de l'usine,
marquant leur passage par un bruit inac-
coutumé, qui, bientôt, cesse et s'éteint. Chacun rentre chez soi pour prendre son repas et
retourner au travail, ou se livrer au repos
si la journée est terminée.

Le dimanche et les jours de fête, il y a
un peu plus d'animation, et la ville se montre alors dans toute son importance; les rues
se remplissent, tout le monde a fait toilette,
et, si le temps est beau, chaque famille, au
complet, part pour la promenade.

L'approvisionnement est assuré par des
marchés quotidiens qui se tiennent sur deux

points différents : les lundi, mercredi et
vendredi, sur le boulevard du Guide; les
mardi, jeudi et samedi, sur la place de
l'Eglise, où se presse une foule compacte,
car ce sont les plus considérables. Les den-
rées alimentaires, que la localité ne peut
produire, arrivent en abondance, amenées
des fertiles pays environnants: En tous
temps, les ménagères peuvent se procurer
ce dont elles ont besoin avec autant de facilité et à aussi bas prix que dans n'importe
quelle ville. Des jardiniers, venus des environs de Chalon et de Beaune, apportent, en
grand nombre, des légumes frais et variés,
suivant la saison, tandis que les habitants
des villages plus rapprochés accourent
vendre volailles, laitage et pommes de terre.

L'alimentation, saine et fortifiante,
comporte le régime habituel de toutes les
villes habitées par des gens aisés; l'usage
du pain blanc, de la viande et du vin est
général; toutefois, il se fait une grande
consommation de viande de porcs, qu'il est
dans les habitudes des ouvriers d'abattre
eux-mêmes.

Situé au milieu de montagnes incultes, loin de tout cours d'eau, peuplé presque uniquement de travailleurs, le Creusot n'a rien qui puisse en faire un centre commercial considérable. Il ne peut être ni un lieu d'entrepôt, ni un lieu de passage; aussi, bien qu'ayant une certaine importance, à cause de sa nombreuse population, son commerce est-il purement local et basé seulement sur la vente des marchandises indispensables. A quelques exceptions près, il est exercé par d'anciens ouvriers ou contre-maîtres de l'usine, souvent par des familles d'ouvriers encore en activité. L'usine avait, il y a quelques années, un magasin où les ouvriers pouvaient trouver plus facilement, et à bon compte, certains objets spéciaux ; elle a cessé de le faire fonctionner dès qu'elle a vu le commerce local en état de les livrer à des prix modérés.

Si le Creusot est un grand producteur de fer, en revanche, il est un grand consommateur d'eau ; car, sans eau en abondance, l'usine actuelle était impossible. Pendant longtemps, elle s'est contentée de faire usage des eaux descendant des collines et recueillies dans le bassin des Riaux. Celles qu'élevaient les machines d'épuisement pouvaient bien servir à certains emplois, mais non à l'alimentation des machines à vapeur, parce qu'elles attaquaient les chaudières. Un grand bassin, situé à l'endroit occupé maintenant par les souffleries des aciéries, recevait les eaux de condensation et toutes celles qui s'échappaient de l'usine après avoir servi à divers usages. D'un autre côté, pour pourvoir aux besoins intérieurs des maisons, on n'avait que des puits et quelques rares sources; aussi s'était-il établi des marchands d'eau qui parcouraient les rues à certaines heures, débitant ce liquide indispensable que l'on ne sait jamais si bien apprécier que quand on en est privé.

L'augmentation constante de la consommation nécessita deux installations nouvelles : l'une, la plus ancienne, est l'étang dont nous avons déjà parlé; le deuxième travail, qui se fit lors de la création de la nouvelle forge, fut d'amener d'une commune voisine, Saint-Sernin, par une conduite de 6,500

mètres, au moyen d'un siphon de 78 mètres
de hauteur et d'un souterrain de 450 mètres
de long, une eau potable qui est distribuée,
par des bornes-fontaines, sur le pied de
500 mètres cubes par 24 heures, soit 21
litres par jour et par habitant. Au quartier
de la Molette, pour élever l'eau du puits,
on a remplacé par une locomobile, action-
nant un arbre à bobines, le manége, mis en
mouvement jusqu'à ces derniers temps par
des chevaux.

Et voilà que, malgré cela, la quantité
d'eau dont on dispose est devenue insuffisante, par suite de l'extension des ateliers,
dont la bonne marche se trouve presque à
la merci d'une sécheresse. Comprend-on
quel désastre résulterait du chômage produit
par un manque d'eau persistant ! Certains
ateliers, il est vrai, n'éprouveraient que les
préjudices causés par la perte de temps ;
mais ce serait une véritable catastrophe
pour les hauts-fourneaux, qui ne peuvent ni
arrêter, ni même suspendre leur travail.
D'un'autre côté, le projet de 1862 n'avait
pas prévu un accroissement aussi considé-

rable de la ville, dont deux, quartiers populeux, la route de.Couches et la Sablière, sont déshérités de la distribution des eaux. Pour pourvoir à ces besoins nouveaux, MM. Schneider ont dû, cette fois, aller chercher l'eau au loin : des travaux importants, en cours d'exécution, ont pour but de dériver le Rançon, petite rivière qui sort du plateau d'Antully et vient se jeter dans le Mesvrin, à côté de Broye, et de l'amener au Creusot par une conduite en fonte et ciment de 22 kilomètres, capable de débiter un volume maximum de 10,000 mètres cubes par 24 heures. L'eau traversera le col de Montcenis au moyen d'un souterrain de 500 mètres de longueur, et, à son arrivée, elle sera livrée à la consommation publique par une fontaine monumentale sur la place de l'Eglise, et deux fontaines ornementales : l'une à la Sablière, l'autre au quartier de la route de Couches. Le surplus des eaux, non employées aux usages domestiques ou municipaux, restera à la disposition de l'usine, qui prend à sa charge les frais énormes de cette nouvelle installation.

L'éclairage a, naturellement, suivi les progrès que l'on réalisait sur tant d'autres points ; les quelques lampes à huile de schiste, .chargées d'éclairer autrefois les rues, ont disparu pour céder la place à de nombreux becs de gaz. L'usine à gaz, établie à côté du puits Saint-Laurent, dont elle utilise la cheminée, est installée de manière à fournir annuellement 100,000 mètres cubes pour la voie publique et 120,000 pour l'établissement et les habitations privées.

Malgré toutes les précautions que l'on peut prendre, il est impossible, avec un personnel aussi important, de ne pas voir, tantôt par une imprudence, tantôt par une sorte de fatalité, certains accidents se produire. Pour soigner ces victimes de l'industrie, on a dû créer un hôpital qui, reconnu trop petit, a été, en 1863, remplacé par un bâtiment élevé dans de meilleures conditions et mieux approprié à son but. Long de 62 mètres et profond de 10, il renferme 20 lits, 3 salles, des cabinets pour consultations, une pharmacie, une

salle de bains, une lingerie avec dépendances, ainsi que les logements du chirur-
gien, du pharmacien et de l'aumônier. A
certaines heures, les médecins, au nombre.
de cinq, y donnent des consultations; aux
autres moments de la journée, ils font,
ainsi que deux sœurs de charité, des visites
à domicile. Les médicaments sont fournis
gratuitement aux malades sur l'ordonnance
du médecin qui les soigne. Pour avoir accès
à la pharmacie, chaque ouvrier est muni
d'un livret spécial, qu'il doit présenter en
entrant, et sur lequel se trouve un extrait
du règlement général, dont voici une partie :

« Tout ouvrier ou employé aux usines
« du Creusot, reçoit les secours du service
« médical pour lui, sa femme et ses enfants
« âgés de moins de 15 ans. Il pourra égale-
« ment les recevoir pour ses père et mère,
« lorsque ceux-ci sont infirmes, sont à sa
« charge et demeurent avec lui; enfin,
« en cas de veuvage, pour celle de ses filles,
« non mariée, qui dirige sa maison.

« Les secours pécuniaires seront donnés,

« en cas de maladie, cinq jours après la
« cessation du travail, et seulement après
« trois mois de travail dans les usines.

« Tout ouvrier blessé se transportera ou
« sera transporté immédiatement à l'in-
« firmerie, pour y recevoir les soins que
« réclame son état et faire constater sa
« blessure. Il devra, en outre, faire re-
« mettre, dans les 24 heures qui suivront
« l'accident, un certificat du chef de ser-
« vice constatant que la blessure a été
« produite par le travail. »

Dans le principe, pour subvenir aux dé-
penses du service médical et alimenter la
caisse de prévoyance, à laquelle incombait
la charge d'allouer des indemnités pour les
incapacités temporaires de travail, et de
constituer des pensions aux veuves et aux
orphelins des ouvriers morts à la peine, on
avait, outre une allocation annuelle de
l'usine, la somme résultant d'une retenue
de 2 fr. 50 pour 100, faite sur le traitement
de tout le personnel de l'établissement. En
1872, MM. Schneider, par un acte louable
de générosité, supprimèrent la retenue et

pourvurent entièrement aux frais de cette institution, d'une utilité si grande.

Trois médecins libres, un officier de santé et dix sages-femmes, complètent le service sanitaire de la commune. Cependant, le climat du Creusot est sain ; l'air est vif comme dans tous les pays de montagnes, les courants de l'atmosphère se chargent d'emporter au loin les fumées et les poussières ; et on a remarqué que, non-seulement les épidémies y sont peu fréquentes, mais que la ville a toujours été préservée des atteintes du choléra.

En hiver, la neige est rare et ne couvre pas longtemps la terre ; le thermomètre ne descend presque jamais au-dessous de — 8 à — 10° ; on l'a vu cependant à — 18° pendant l'hiver de si triste mémoire de 1870-1871 ; en été, la chaleur est assez forte, et on a souvent des températures de -|- 30 à -|- 32° à l'ombre. Les orages sont, en général, peu nombreux et peu violents.

Quatre routes départementales venant de Couches et Chalon, de Montchanin, de

Montcenis et Autun, et enfin d'Epinac,
donnent accès au Creusot; le canal du
Centre, dont il n'est distant que de 10 kilom.,
et auquel aboutit le chemin de fer particulier, le relie avec la Loire, la Seine, la
Saône et le Rhône. Une voie ferrée, la
ligne de Chagny à Nevers, dont il est une
des stations principales, et qui, s'embran-
chant sur la grande artère de Bourgogne,
va rejoindre celle du Bourbonnais, le met
en communication rapide, d'un côté, avec
la Méditerranée, la capitale et l'Est, de
l'autre avec les réseaux d'Orléans, de l'Ouest
et du Midi. Presque à la sortie de la gare,
le chemin de fer, avant de déboucher dans
la vallée du Mesvrin, traverse un tunnel
de 1,200 mètres de longueur.

En 1868, une loi érigea le Creusot en
chef-lieu de canton, et il fut pourvu de toutes
les attributions inhérentes à sa nouvelle
situation; au commissariat de police, qui
existait déjà, on ajouta une justice de paix,
des huissiers, des notaires et une gendarme-
rie; à la suite de la guerre de 1870, il a
reçu une garnison de 1,200 hommes, logés

12

dans une belle caserne construite sur la
route d'Epinac, non loin de la gare.

II

C'était déjà, comme on a pu en juger,
un difficile problème à résoudre que celui
de l'installation et de l'approvisionnement
d'une nombreuse population ouvrière, et,
cependant, MM. Schneider n'ont pas pensé
que leur devoir se bornât à pourvoir aux
besoins matériels ; ils avaient parfaitement
senti que les rudes labeurs de l'industrie
exigent des hommes, non-seulement bien
constitués, mais aussi habitués à la discipline, au respect de l'autorité et possédant
certaines connaissances.

De ces deux conditions, la viande et le
vin, c'est-à-dire une bonne nourriture, ai-
dent beaucoup à remplir la première ; mais
la seconde ne peut s'obtenir que par l'éducation et l'instruction. Aussi, ces Messieurs
n'ont-ils pas attendu, pour les développer
sur une grande échelle au milieu de leur
personnel, le progrès des idées libérales
qui, depuis, se sont répandues en France.

Dès leur arrivée dans le pays, ils ont fondé des écoles de filles et de garçons qu'ils ont toujours entourées d'une grande sollicitude, et qui, depuis, n'ont fait que se transformer en se développant.

Douze professeurs, neuf classes de force graduée réunies dans un seul bâtiment, et où on était reçu dès l'âge de sept ans pour en sortir à celui de quinze ou seize, telle était, ces années dernières, l'organisation générale des écoles de garçons. A côté, on avait fondé, sur divers points de la ville, des succursales où l'on admettait les enfants trop jeunes pour rentrer dans les premières.

Cette dispostion forçait donc des élèves encore peu âgés, et habitant au loin, à faire un trajet assez considérable pour se rendre à l'école. C'était un inconvénient que la transformation de 1873 a fait disparaître. Le nombre des professeurs a été porté à 35, y compris le directeur, et on a institué trois degrés d'enseignement élémentaire, auxquels sont affectées 30 salles spacieuses, réparties dans les différents quartiers de la ville, et trois degrés d'enseignement spécial, qui occupent un des deux corps de logis placés à droite et à gauche de la cure, le même qui contenait autrefois, avec une annexe, les neuf classes. Le second est consacré aux écoles de filles. Chacun de ces bâtiments couvre une surface de 385 mètres carrés et se compose d'un rez-de-chaussée avec premier étage. D'autres locaux, où sont des salles secondaires, le logement des sœurs, des maîtres et diverses dépendances, s'étendent sur une surface de 1,155 mètres carrés ; les cours de récréations n'ont pas moins de 5,000 mètres.

Malgré ce changement, le programme des études n'a pas été modifié ; on part des notions les plus simples pour arriver à celles d'un véritable enseignement spécial. Dans les classes supérieures, les élèves suivent des cours de comptabilité, de dessin, de géométrie descriptive, de mécanique, de physique et de chimie. Toutefois, on a profité de cette réforme pour resserrer la discipline générale, surtout au moment de l'entrée et de la sortie des classes, et faire une plus large part à l'instruction religieuse. Elle n'était, auparavant, donnée que d'une manière insuffisante ; car l'aumônier, ayant à partager ses soins entre les garçons et les filles, se trouvait surchargé de travail. Aujourd'hui, trois ecclésiastiques, que l'on peut regarder comme de véritables professeurs, vont dans les salles, à des heures fixées, instruire les élèves sur les vérités religieuses. De plus tous les dimanches, les maîtres et maîtresses conduisent les enfants à deux messes dites spécialement, l'une pour les garçons, l'autre pour les filles.

L'instruction, au Creusot, est gratuite, mais elle n'est pas obligatoire dans la force du mot ; elle le devient cependant en fait, puisque nul enfant n'est reçu à l'usine s'il ne sait lire et écrire, et la porte est fermée à celui qui a été renvoyé pendant le cours des études. Il est vrai que le renvoi n'est prononcé que pour des cas graves, et après plusieurs avertissements adressés aux parents.

A la fin de chaque mois, on remet à l'élève, pour qu'il le communique à ses parents, un bulletin destiné à les renseigner sur son

travail et sa conduite. En outre, il est tenu,
pour chacun, une sorte de compte-courant
intellectuel et moral par mois et par année,
et, à sa sortie, chaque élève est placé par les
chefs de l'usine, d'après ses notes, ses aptitu-
des, ses succès. Il n'est tenu aucun compte de
la position des familles : les seuls titres de pré-
férence sont les droits acquis à l'école. Les
plus instruits entrent dans les bureaux, où
certains d'entre eux sont arrivés, aux premières places, tant dans l'administration que
parmi les ingénieurs; les autres vont aux
ateliers de construction, et, enfin, les moins
avancés sont envoyés dans les autres services. Cette manière de faire, basée sur la
différence du travail et du mérite, n'a jamais amené aucune réclamation et a toujours
eu pour effet d'encourager les efforts des
enfants, tout en leur inculquant le respect
de l'autorité, qu'ils voyaient confiée aux
mains des plus capables.

Chaque année, on présente un certain
nombre d'élèves, parmi les plus intelligents,
pour l'admission à l'école des Arts-et-Métiers
d'Aix, et nous pouvons dire qu'ils y occupent toujours un rang distingué.

Il est, dès lors, facile de s'expliquer combien est puissant le prestige de l'instruction au Creusot, et pourquoi les écoles ont dû s'agrandir au fur et à mesure que l'usine se développait. En 1862, elles étaient fréquentées (1) par un nombre total d'enfants qui s'élevait à 2,393; en 1866, ce chiffre était devenu 3,000, et si, en 1874, il n'est que de 3,250, cette faible différence s'explique par ce fait que, depuis 1866, la population n'a pas augmenté (2).

Sous le rapport du caractère général de l'éducation et de la discipline, l'organisation des écoles de filles a été inspirée par la même pensée que celle de l'école des garçons. Les enfants y sont initiées au genre d'instruction qui convient à leur sexe; comme

---

(1) Nous ne parlons ici que des écoles communales; il existe en plus, 12 écoles libres pour petites filles.

(2) Voici, au reste, quelle a été, à différentes époques, la population du Creusot :

1836	—	2,700 habitants.	1856	—	13,390 habitants.
1841	—	4,012 id.	1861	—	16,094 id.
1846	—	6,303 id.	1866	—	23,872 id.
1851	—	8,073 id.	1872	—	22,890 id.

l'usine n'emploie qu'un très-petit nombre
de femmes et point de filles avant l'âge de
17 ans, celles-ci peuvent rester un peu
plus longtemps sur les bancs de l'école ; elles
ne les quittent que sachant convenablement
lire, écrire, compter, connaissant un peu
de géographie, d'histoire, de comptabilité
ménagère, et pratiquant, avec une grande
habilité, les travaux à l'aiguille.

Des sœurs de Saint-Joseph de Cluny, au
nombre de 32, dirigent les écoles de filles ;
sous leur surveillance, sont également placées
les salles d'asile, instituées en 1873 par
M. et Mme Henri Schneider. 610 enfants,
ayant atteint l'âge de trois ans, y sont
gardés tous les jours avec des soins vraiment maternels ; et c'est là un immense
service rendu aux mères de famille, qui
peuvent, dès lors, vaquer avec plus de liberté
aux travaux de leur ménage.

Une fois entrés dans la vie sociale, les
jeunes gens trouvent encore moyen de continuer à s'instruire, ou se procurent des
distractions par les lectures instructives et
intéressantes que leur offre une bibliothèque

importante, à laquelle ils peuvent s'abonner
pour la faible somme de 1 fr. 50 c. par an.
Le règlement autorise à emporter les vo-
lumes, à la condition de ne les garder que
quinze jours.

Entre l'école des garçons et celle des filles
se trouve, avons-nous dit, la cure ; non loin
est l'église surmontée d'une flèche élancée,
moins haute cependant que la cheminée de
75 mètres, qui est presque en face. Cette
église élégante, mais un peu petite pour
le Creusot, a. été élevée aux frais de
M. Schneider. Elle a pu longtemps suffire
aux besoins du culte ; mais, quand la population fut devenue plus nombreuse, on sentit la
nécessité de créer une nouvelle paroisse. En
1864, à l'occasion de son mariage, M. Henri
Schneider fit construire, dans le quartier de la route de Couches, le plus éloigné
du centre, une nouvelle église d'une jolie
architecture, placée sous le patronage de
saint Charles ; elle est desservie par un curé
et un vicaire. Malgré cela, l'ancienne
paroisse a gardé une importance assez grande
pour que son service nécessite encore un
curé et trois vicaires.

Le culte protestant, qui existe au Creusot, a son service assuré par la présence d'un pasteur.

III

Ainsi, c'est grâce à l'instruction largement répandue, au régime des ateliers et à une bonne alimentation, que MM. Schneider ont pu transformer, en une réunion de travailleurs d'élite, un personnel qu'ils avaient trouvé peu exercé et manquant des conditions intellectuelles nécessaires aux travaux de l'industrie. Aujourd'hui, la facilité à saisir les instructions données, comme à rendre leurs pensées, l'aptitude à calculer, l'intelligence des plans, l'aisance à s'assimiler les idées et les procédés nouveaux, sont des qualités que l'on rencontre chez presque tous les ouvriers du Creusot, et qui démontrent, d'une manière irréfutable, leur complète transformation. Il n'est maintenant, presque point de travaux, qu'ils ne sachent très-vite comprendre et exécuter, et l'on peut dire que, pour l'industrie, il n'est guère de personnel d'atelier, aussi puissant et aussi habile.

Trois types : le mineur, le forgeron, le mécanicien, forment les trois grandes catégories dans lesquelles on peut ranger les ouvriers du Creusot, et, à première vue, il est assez facile de reconnaître à laquelle ils appartiennent, tant.on dirait presque que la nature de leurs travaux déteint sur eux. Le mineur est froid, impassible : il a l'air grave et silencieux que montrent presque toujours les personnes qui travaillent sous terre ; le forgeron, plus ouvert et plus gai, présente souvent une figure brûlée par le feu; enfin, le mécanicien, aux allures vives, aux manières aisées, est propre et coquet comme les pièces qu'il travaille.

Malgré la divergence de caractére et d'habitudes, malgré la diversité du travail, la différence des salaires, toutes choses qui, dans les localités restreintes, créent si souvent, des luttes produites par l'antagonisme de corporations, les mineurs, les forgerons, les mécaniciens et d'autres corps d'état vivent au Creusot côte à côte, en bonne intelligence et chacun de sa vie propre. Depuis de longues années, on n'a pas un exemple de querelle de métier.

L'observation du dimanche a toujours été maintenue aussi rigoureusement que le permettaient les circonstances ; mais, le lundi, tout le monde rentre exactement au travail. Le nombre des journées de présence à l'usine de l'ouvrier est en moyenne de 22 à 24 par mois, et la durée de la journée varie avec le genre d'occupation : dans tous les ateliers, elle est de 10 heures effectives ; à la forge, mais seulement pour les ouvriers des fours et des trains, elle est de 12 heures, coupée par des repos.

Au Creusot, la fixation des salaires, qui ont toujours suivi une marche ascendante, ne donne lieu à aucun débat irritant. Bien que chaque ouvrier ait un tarif de journée nominal, en fait, il est rétribué selon ses œuvres, puisque le marchandage et un système de primes variées, appliquées rationnellement et avec justice, suivant les cas et les spécialités, permettent de stimuler et de récompenser l'intelligence et l'activité. Ainsi, à la forge, on voit fréquemment un puddleur gagner 3 et 4 francs de plus que son voisin ; car il est tenu compte à chacun, non-seulement de la quantité et de la qualité produites, mais aussi de la consommation des matières premières. La comptabilité saisit instantanément tous ces éléments, et les chiffres, comme les résultats, en sont affichés soir et matin. L'encouragement est efficace et le débat impossible, quand le travail individuel est ainsi contrôlé et publié aux yeux de tous.

Il y aurait encore bien des détails à donner sur l'organisation de ce magnifique ensemble industriel ; cependant nous nous arrêterons, croyant avoir suffisamment prouvé, par le tableau que nous venons d'en faire, que de merveilleux résultats y ont été obtenus. Le patron, nous l'avons vu, s'occupe avec sollicitude de l'ouvrier, de son bien-être matériel et moral : par l'instruction, il développe son individualité ; par la propriété, il le met en pleine possession de lui-même ; l'ouvrier, à son tour, s'attache au patron, aime l'usine et devient fier de sa localité. Mais pourquoi faut-il que l'harmonie, qui découle naturellement de l'échange de ces nobles sentiments, ait été un instant rompue ! De grands efforts ont été faits pour détacher des chefs de l'établissement la population qui les entoure ; un moment même on a pu croire qu'on y était parvenu ; mais, avec un remarquable bon sens, celle-ci n'a pas tardé à comprendre que son avenir, ses intérêts, sont liés d'une façon indissoluble à la prospérité de l'usine et de ses patrons, auxquels elle s'est attachée plus que jamais Nous n'en voulons pas d'autres preuves que ce qui s'est passé dans une bien pénible circonstance : lors de la maladie qui vint subitement assaillir M. Schneider pendant les premiers mois de l'année 1874, la tristesse était peinte sur tous les visages, et, si c'était avec une anxiété douloureuse que chacun venait interroger le bulletin des médecins, rien ne saurait peindre la satisfaction qui accueillit la nouvelle que l'illustre malade était complètement hors de danger.

FIN

TABLE DES MATIÈRES

TYP. A. TEMPORAL, AU CREUSOT.

www.ingramcontent.com/pod-product-compliance
Lightning Source LLC
Chambersburg PA
CBHW070600100426
42744CB00006B/361